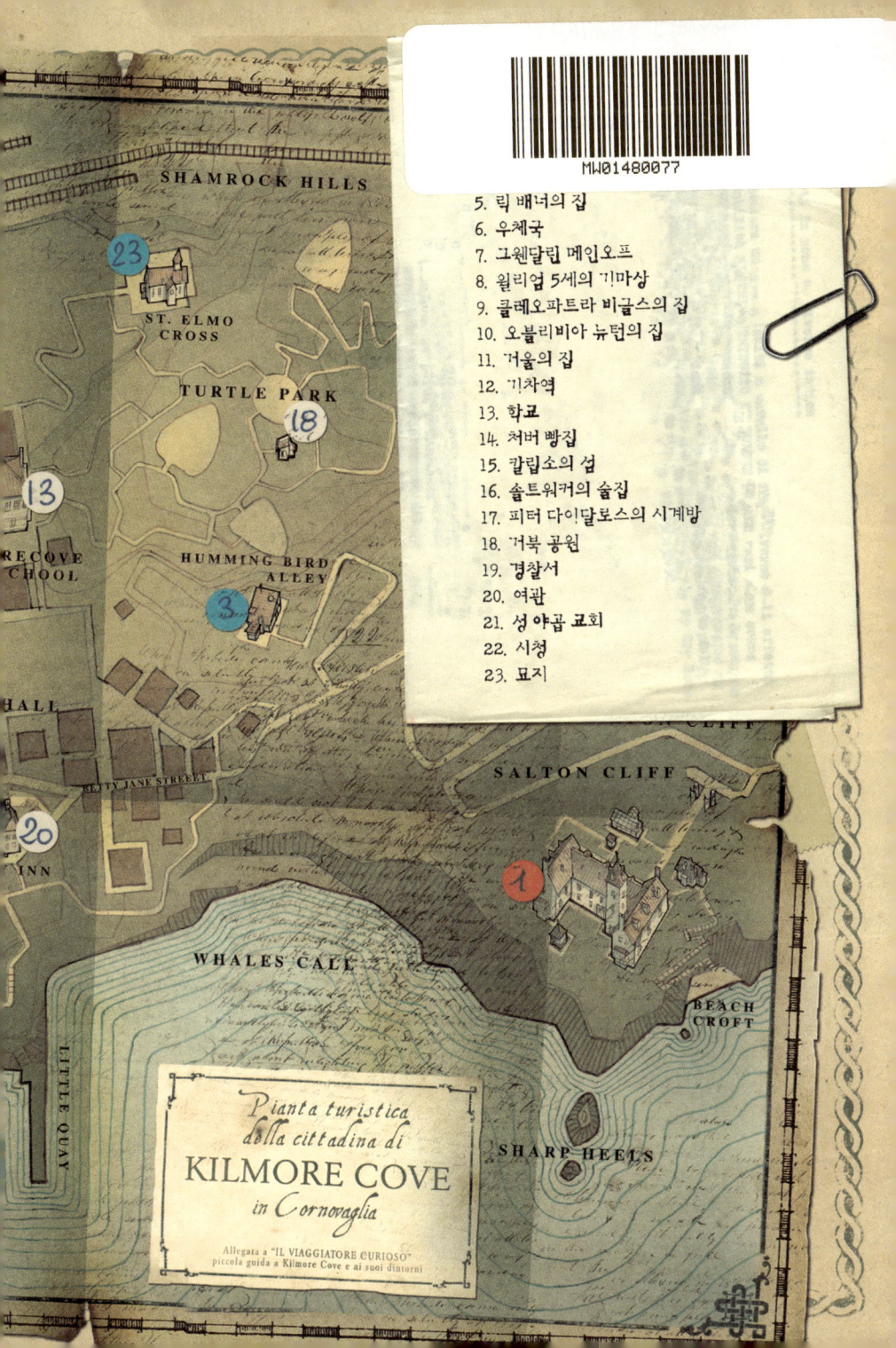

5. 릭 배너의 집
6. 우체국
7. 그웬달린 메인오프
8. 윌리엄 5세의 기마상
9. 클레오파트라 비글스의 집
10. 오블리비아 뉴턴의 집
11. 거울의 집
12. 기차역
13. 학교
14. 처버 빵집
15. 칼립소의 섬
16. 솔트워커의 술집
17. 피터 다이달로스의 시계방
18. 거북 공원
19. 경찰서
20. 여관
21. 성 야곱 교회
22. 시청
23. 묘지

Pianta turistica della cittadina di
KILMORE COVE
in Cornovaglia

Allegata a "IL VIAGGIATORE CURIOSO"
piccola guida a Kilmore Cove e ai suoi dintorni

ULYSSES
MOORE

웅진주니어

율리시스 무어 3 거울의 집

초판 1쇄 인쇄	2006년 8월 5일
초판 1쇄 발행	2006년 8월 14일
지은이	피에르도메니코 바칼라리오
옮긴이	이현경
발행인	최봉수
편집인	이미혜
책임편집	이화정
편집	이복희
디자인	전혜순
교정	조선경
마케팅	임종훈, 최진
제작	한동수, 류정옥

임프린트 웅진주니어
주소 서울시 종로구 인의동 112-2 웅진빌딩 5층
주문전화 02)3670-1519 팩스 02)3670-1122 문의전화 02)3670-1545
홈페이지 http://www.WJthinkbig.com

발행처 (주)웅진씽크빅
출판신고 1980년 3월 29일 제300-1980-14호

ULYSSES MOORE #3
Text by Pierdomenico Baccalario.
Original cover and illustrations by Iacopo Bruno. Graphics by Iacopo Bruno
ⓒ 2005 Edizioni Piemme S.P.A. via Galeotto del Carretto 10 - 15033
Casale Monferrato(Al) - Italia (www.edizpiemme.it)
Korean translation copyright ⓒ2006 by Woongjin Think Big. All rights reserved.
Published by arrangement with EDIZIONI PIEMME S.P.A. through EYA(Eric Yang Agency)

웅진주니어는 (주)웅진씽크빅 출판부문 임프린트입니다.
이 책의 한국어판 저작권은 EYA(에릭양 에이전시)를 통해 EDIZIONI PIEMME S.P.A.사와의 독점 계약으로
(주)웅진씽크빅에 있습니다. 저작권법에 의해 한국 내에서 보호를 받는 저작물이므로 무단전재와 무단복제를 금합니다.

ISBN 89-01-05780-8 89-01-05777-8(세트)

03

율리시스 무어

거울의 집

Ulysses M

웅진주니어

제1장 빌라 아르고의 아침 · 13

제2장 런던에서 온 전화 · 35

제3장 비밀을 쫓는 사람들 · 47

제4장 브레이크 없는 자전거 · 63

제5장 검은 전화기 · 71

제6장 지도가 있던 자리 · 77

제7장 새로운 문 · 99

제8장 킬모어 코브를 등지고 · 123

제9장 파괴자 · 131

제10장 아울 클록 · 137

제11장 거울의 집 · 147

제12장 모든 것은 움직인다 · 169

제13장 생존자 · 179

제14장 시간을 기록하는 문 · 183

제15장 외눈박이 등대지기 · 201

제16장 다시 시작된 게임 · 209

제17장 오래된 발견과 새로운 발견 · 219

제18장 과거의 목소리 · 229

제19장 네스터의 선택 · 237

제20장 잊혀진 장소 · 247

제21장 노을 속의 남자 · 255

제22장 새로운 시작 · 269

제23장 묘지에서 · 281

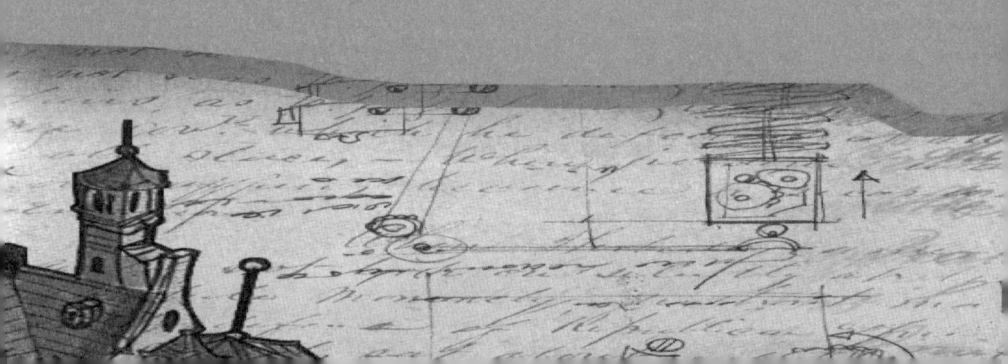

독자 여러분에게

  드디어 율리시스 무어의 세 번째 공책이 번역되었습니다. 피에르도메니코 바칼라리오가 출판사로 원고를 보내자마자 우리는 가능한 한 빨리 이 책을 출판하였습니다. 매번 이 수수께끼 같은 일에 관한 어떤 단서라도 발견하길 바라며, 우리가 얼마나 초조하게 피에르도메니코 바칼라리오의 이메일을 기다리는지 여러분은 상상도 하지 못할 것입니다. 여러분도 짐작하겠지만 이번 책에서도 놀라운 일들은 계속됩니다.

초록도마뱀 편집부

보내는 사람 : 피에르도메니코 바칼라리오
제목 : 세 번째 공책 번역 원고
날짜 : 2006년 7월 14일 01시 56분 13초
받는 사람 : 초록도마뱀 편집부
▶ @ 율리시스 무어3-거울의 집.txt   (첨부 파일)

모두 안녕하십니까?
 율리시스 무어의 세 번째 공책 번역 원고입니다. 이 원고에서 믿기지 않는 사실을 알게 되었지만 여러분에게 미리 알려 드리고 싶지는 않습니다. 하지만 여러분이 이 원고를 읽기 전에 한 가지만은 꼭 말씀드려야겠습니다. 바로 지난주에 일어났던 일입니다.

 제가 묵는 민박 집에서 그리 멀리 떨어지지 않은 어밍턴 지방에 관광 서적을 파는 서점이 있다는 것을 알게 되었습니

▼

▼

다. 저는 킬모어 코브에 대한 정보를 뭐든 찾아보려는 생각에 그 서점으로 갔습니다.

저는 크고 작은 지도와 도로 지도, 킬모어 코브의 전설과 전해 오는 이야기를 다룬 책들을 모두 뒤졌지만 아무것도 얻지 못했습니다.

저는 점원에게 도움을 청했습니다. 우리는 오후 내내 서점 안에서 먼지가 수북한 책들을 하나하나 펼쳐 보았습니다. 언제부터 책꽂이에 꽂혀 있었는지도 모르는 오래된 책들이었습니다. 하지만 역시 아무런 단서도 찾지 못했습니다.

책을 찾는 데 지친 저는 머리를 식히려고 노천 카페를 찾았습니다.

광장에서는 사람들이 분주히 오고 있었습니다. 그래서 저는 제 옆에 앉아 있던 점잖은 신사를 눈여겨보지 못했습니다. 지금 아무리 기억을 떠올려 보아도 콧수염과 흰색 리넨 셔츠 이외에는 아무것도 생각나지 않습니다.

저는 물과 차를 주문한 뒤 계산을 하려고 카페 안으로 들어갔습니다. 그리고 다시 밖으로 나왔을 때 제 탁자 위에서 이런 책을 발견했습니다.

▼

▼

이상한 여행자 : 킬모어 코브와 그 주변에 관한 작은 안내서

손끝까지 떨릴 정도로 흥분한 저는 그 작은 책을 펴 보았습니다. 첫 페이지에 이제는 제가 완벽하게 읽을 수 있게 된 암호로 이렇게 적혀 있었습니다.

율리시스 무어의 개인 장서
킬모어 코브, 빌라 아르고

그제야 저는 제 옆에 앉아 있던 신사가 사라지고 없다는 것을 알게 되었습니다. 저는 그 사람이 바로 율리시스 무어였다고 확신합니다. 바로 내 옆에 있었는데, 안타깝게도 사라져 버린 겁니다.

책 사진을 함께 보냅니다. 여러분도 이 모든 일이 실제로 일어난 것임을 확실히 믿을 수 있게 말입니다.
책 안에는 킬모어 코브의 기차역 사진이 있었습니다. 이것은 킬모어 코브가 실제로 존재한다는 명백한 증거입니다! 킬모어 코브는 여기 이 근처에 존재합니다!

▼

▼

이제부터 콘월 지역을 샅샅이 다 뒤져 볼 생각입니다.
곧 다시 연락드리겠습니다.

피에르도메니코 바칼라리오

-- 율리시스 무어 --
거울의 집

제 1 장
빌라 아르고의 아침

달걀 프라이와 베이컨 익는 냄새가 스멀스멀 공기 중으로 퍼졌다. 줄리아는 이불 속에서 몸을 뒤척이며 냄새가 나는 쪽으로 얼굴을 돌렸다. 줄리아는 여전히 잠에 취한 채 미소를 지으며 베개에 얼굴을 묻었다. 그렇게 몇 분 동안 꼼짝도 하지 않다가 두 눈을 번쩍 뜨고 주위를 둘러보았다.

'내가 어디에 있는 거지?'

지난밤의 기억들이 서서히 떠오르기 시작했다. 모든 것이 놀랄 만큼 선명했다. 줄리아는 킬모어 코브의 빌라 아르고 자기 방에 있었다.

'어떻게 내 방에 오게 된 거지?'

방 안의 물건들을 하나씩 바라보는 동안 심장이 점점 요란하게 두근거렸다.

달걀 프라이와 베이컨.

침대 밑에는 벗어 둔 옷이 어지럽게 널려 있었다.

그 옷을 보자 다른 기억들이 연달아 떠오르며 머릿속에서 회오리바람처럼 휘돌았다. 폭풍우, 만프레드의 침입, 절벽, 그리고 오블리비아 뉴턴의 운전사가 절벽에서 떨어져 바다로 사라지던 마지막 모습까지.

줄리아는 스프링처럼 이불 밖으로 튕겨 나오며 소리쳤다.

"제이슨!"

맨발 밑으로 푹신하고 편안한 카펫이 느껴졌다. 줄리아는 자기가 잠옷을 입고 있다는 것을 알아차렸다. 하지만 언제 잠옷으로 갈아입었는지 기억이 나지 않았다. 줄리아는 벗어 놓은 옷으로 몸을 숙이고 바지 주머니를 뒤졌다. 시간의 문을 여는 네 개의 열쇠는 아직 그 안에 있었다.

줄리아는 열쇠를 꺼내 침대 위에 올려놓은 뒤 대체 몇 시나 되었을지 짐작해 보려 했다.

달걀 프라이와 베이컨 냄새, 그리고 덧창 틈으로 칼날 같은 밝은 빛이 방 안으로 스며 들어왔다.

아침이다. 아니, 혹시 오후가 아닐까?

긴장을 늦추지 못한 채 줄리아는 잠옷 차림 그대로 방에서 나왔다.

"제이슨?"

아무도 없는 복도에서 줄리아는 다시 제이슨을 불러 보았다. 덧창이 열려 있는 침실 하나를 제외하고는 층 전체가 완전히 깜깜했다. 줄리아는 맨발로 조심조심 걸어서 그 밝은 침실 쪽으로 다가가서 살며시 안을 들여다보았다. 흐트러진 침대와 아무렇게나 벗어 놓은 운동화, 그리고 둥근 탁자 위에 던져진 티셔츠가 보였다.

그렇게 방을 어지럽힌 게 누구인지는 보지 않아도 알 수 있다.

제이슨이다.

부엌에서부터 동생의 목소리가 활짝 열린 창문을 넘어 들어왔다. 줄리아는 가슴이 쿵 내려앉는 것 같았다. 정신을 잃을 정도로 행복해진 줄리아는 크게 소리쳤다.

"내 동생이 돌아왔어!"

줄리아는 복도를 달리고 계단을 뛰어 내려가 부엌으로 뛰어들어갔다.

제이슨과 릭이 가스레인지 근처에서 바쁘게 움직이고 있었다.

"제이슨! 릭! 돌아왔구나! 돌아왔어!"

줄리아가 달려가 두 사람을 부둥켜안으며 소리쳤다.

"너희 때문에 얼마나 걱정했는지 몰라."

"그래, 누나. 당연히 돌아오지. 좀 진정해. 우린 다 괜찮아!"

제이슨이 줄리아에게서 떨어지면서 말했다.

하지만 릭은 줄리아와 눈이 마주치자마자 기뻐서 온몸에 힘이 빠지는 것 같았다. 릭은 기분 좋게 줄리아를 껴안았고 뺨에 입도 맞추었다. 그리고 빨개진 자기 얼굴을 줄리아가 볼까 봐 후다닥 몸을 돌렸다.

줄리아는 마치 20년은 떨어져 있다가 만난 것처럼, 아니 두 아이의 옷차림에서 시간의 문 너머에서 벌어진 일을 알아보려는 듯 뚫어지게 바라보았다. 하지만 그리 새로운 것은 없었다. 릭은 어제와 똑같은 옷을 입고 있었고 제이슨은 가방에서 꺼낸 새 티셔츠와 바지를 입고 있었는데 바지와 티셔츠가 전혀 어울리지 않았다.

"기분은 어때?"

줄리아의 첫 질문이었다.

"끔찍해!"

제이슨이 대답했다.

"왜?"

"베이컨이 잘 안 구워져. 처음에는 날것이다가 금세 숯덩이가 돼 버려! 그래서 이런 숯덩이지만, 그냥 먹어 보려고."

릭이 나무젓가락으로 시커멓게 탄 베이컨을 들고 말했다.

줄리아는 두 아이가 진짜 릭과 제이슨이 맞는지 확인이라도 하려는 듯, 잠시도 눈을 떼지 않았다.

줄리아는 부엌을 나가 정원으로 향하는 두 아이를 따라갔다. 릭은 세 사람이 먹을 베이컨과 달걀 프라이를 접시에 담았다. 하지만 줄리아는 동생에게 자기 몫을 기꺼이 양보했다. 아직도 긴장이 풀리지 않아 아침을 먹고 싶은 생각이 없었기 때문이다.

"무슨 일이 있었는지 말 좀 해 줄래?"

제이슨이 어깨를 으쓱했다. 제이슨은 정원에 있는 검은 철제 의자에 앉아서 베이컨을 먹었다.

"돌덩이야, 릭! 정말 돌덩이 같아."

줄리아는 화가 나서 폭발하기 직전이었다. 누나의 입술이 떨리는 것을 본 제이슨이 말했다.

"아, 누나, 이야기가 너무 길어서 다 말하다가는 달걀이 식어 버릴 거야!"

그러더니 급하게 달걀을 먹기 시작했다.

"믿기 어려운 곳에 갔었어."

릭은 말하다가 음식이 목에 걸려서 기침을 하며 탁자 주위를 펄쩍펄쩍 뛰었다. 그러자 제이슨이 덧붙였다.

"그 빌어먹을 지도를 다시 찾으면 알게 될 거야! 안 그래, 릭?"

제이슨은 어젯밤에 먹다 남은 빵 조각으로 접시를 깨끗이 닦아 먹은 뒤 큰 컵에 우유를 따라 마셨다.

"온 세상을 다 뒤져서라도 찾을 거야!"

얼굴이 새빨개진 릭이 힘주어 말했다.

줄리아는 깊이 숨을 들이마셨다. 공기는 신선했고 바다 냄새가 났다. 지금으로서는 이것저것 자꾸 물어보지 말고 제이슨과 릭이 그동안의 일을 자연스럽게 이야기하도록 내버려 두는 게 나을 것 같았다. 우유를 따라 마시려고 컵에 손을 댔다. 그제야 줄리아는 자기 손이 떨리는 것을 알아차렸다.

"어디 안 좋으니?"

릭이 물었다. 줄리아가 고개를 저었다.

"아니야. 너희를 다시 만나 너무 기뻐서 그런 것뿐이야."

"우리도 얼마나 좋은지 몰라. 정말 믿을 수 없는 일이 벌어졌었어. 그런데 정원의 상태를 보니 여기도 조용하지는 않았던 것 같은데."

릭이 말했다.

"태풍이 지나간 것 같아!"

제이슨도 말했다.

줄리아는 주위를 둘러보았다. 꽃과 나무들이 아직도 폭풍우를 맞으며 바람에 휩쓸리는 것 같았다. 잔디밭과 자갈길 위에 떨어진 나뭇잎과 나뭇가지들은 알 수 없는 슬픔에 잠겨 있는 듯했다. 그리고 정원 한가운데에 아직도 만프레드의 자동차 바퀴 자국이 남아 있었다.

줄리아는 그 바퀴 자국을 보자 가슴이 쿵쿵 뛰었다. 자기가 만프레드의 발을 걸어 넘어뜨리고 열쇠를 빼앗던 장면이 머릿속에서 조금씩 되살아났다. 줄리아는 절벽 끝과 믿을 수 없을 정도로 파란 바다와 멀리 바라보이는 등대를 보았다. 줄리아는 두 눈을 감았다.

"무슨 일이야, 줄리아?"

제이슨이 누나의 얼굴이 하얗게 질리는 것을 보고 물었다.

"내 탓이 아니야. 그냥 절벽에서 떨어진 거야."
"누가 절벽에서 떨어졌다는 거야?"
제이슨이 물었다. 입 주위에는 둥글게 우유 자국이 나 있었다.

줄리아는 빌라 아르고에서 벌어진 일들을 모두 이야기했다. 마치 수업 시간에 공부한 내용을 복습하듯, 느릿느릿 억양이 없는 목소리로 말했다.

정원사 네스터가 옛 주인에 대해 고백한 이야기도 들려주었다. 옛 주인이 메티스를 타고 여행을 다녔다는 것까지. 그리고 집으로 들어오려는 만프레드를 어떻게 막았는지, 그러다가 어떤 비극적인 결과가 일어났는지도 이야기했다.

"안타까워……."

줄리아는 자신이 어떻게 만프레드가 그토록 갖고 싶어 하던 그 열쇠를 바다에 던져 버릴 생각을 했는지 의아해하며 이렇게 말을 마쳤다.

"그런 사람에겐 차라리 잘된 일이야."

제이슨이 일부러 명랑하게 말했다.

"무엇보다 그자도 자기 주인처럼 도둑이었잖아."

릭은 오블리비아 뉴턴에 대한 분노가 되살아나서 저절로 목소리가 높아졌다. 어쩌면 처음 오블리비아 뉴턴을 봤을 때 너무나 아름답다고 생각했기 때문에 더욱더 분노가 가라앉지 않는지도 모른다.

줄리아는 조금 기운이 났다. 그래서 마침내 우유 잔에 입을 댈 수 있었다. 그리고 이제 제이슨과 릭의 이야기를 기다렸다.

제이슨과 릭은 서로 말을 가로채 가며 '생명의 집'과 마루크, 그리고 오블리비아 뉴턴보다 한발 앞서 벽감을 찾아낸 이야기를 들려주었다.

"오블리비아 뉴턴이 거기 갔었어? 어떻게 그럴 수 있었지?"
놀란 줄리아가 물었다.

"우리가 거기 이집트에서, 아니 어딘지 정확히 모르지만 우리가 간 그곳에서 그 여자를 만났을 때 얼마나 놀랐는지 상상도 못 할 거야."

"오늘 아침 제이슨이 새로운 가설을 세웠어. 제이슨은 우리가 정말 과거의 시간 속으로 여행을 한 것이라고 생각하지 않아."
릭이 말했다.

"맞아. 예전에 이런 비슷한 이야기가 나오는 메스메로 박사의 만화를 읽은 적이 있어. 이런 걸 시간 여행이라고 하지 않고 연속적인 공간 뭐라고 했던 것 같아. 지금은 기억이 나지 않는데 모두 열다섯 권이었던 건 생각나."

"왜 시간 여행을 했다는 생각이 안 드는 거니?"

제이슨은 애매한 질문을 받은 학자처럼 얼굴을 찌푸렸다.
"그냥 느낌이야. 하지만 우리 시대와 완전히 다른 시대였다는 생각이 안 들어. 마치 우리 집에 있는 것 같은 기분이었어."
"이제 헛소리 좀 그만 해!"
"한번 생각해 봐. 그 사람들이 우리하고 똑같은 말을 썼어. 그리고 릭과 내가 상형 문자까지 읽을 수 있었단 말이야."
줄리아의 눈이 휘둥그레졌다.
릭은 식탁에서 〈사라진 언어 사전〉을 집어 들었다. 두꺼운 그 책은 이제 상태가 좋지 않았다. 표지에는 얼룩이 져 있고 가장자리는 찢겨 있었다. 릭은 그 사전에서 고대 이집트 어에 관한 부분을 펼쳐 손가락으로 상형 문자를 가리키며 말했다.
"그런데 지금 이걸 읽으려고 하면 하나도 읽을 수가 없거든."
줄리아는 이야기의 맥을 놓치지 않으려 애쓰며 물었다.
"그런데 오블리비아 뉴턴은? 너희를 발견했어?"
"물론 아니지. 우리는 벽감에 숨어 있었거든. 그런데 그때 그 여자가 율리시스 무어의 이름을 말했어."
"그리고 지도가 있어."
"무슨 지도?"
"그 여자가 훔쳐 갔어."
"어떤 지돈데?"

"킬모어 코브라고 불리는 콘월 지방 지도, 단 하나뿐인 최초의 정밀 지도."

릭이 외워 둔 것을 말했다.

"토스 보웬, 런던, 1789……."

절벽 쪽에서 들려오는 요란한 기침 소리에 릭은 하던 말을 멈추었다.

"너희 일어났구나!"

네스터가 절벽 계단에서 올라와 걸음을 멈추고 숨을 고르며 말했다.

"네스터 할아버지! 어디서 오시는 거예요?"

아이들이 네스터를 보고 말했다.

정원사는 아무 대답도 없이, 다리를 절며 아이들 앞까지 걸어왔다.

"그러는 너희는 어디서 오는 거니? 이 불쌍한…… 에에에 취…… 늙은이가 앉을 자리 없을까?"

"감기에 걸리셨군요."

제이슨이 말했다.

"비 때문이지."

네스터가 줄리아에게 의미심장한 미소를 보내며 말했다.

"뭐 하고 있었니?"

"애들이 오블리비아 뉴턴과 지도 이야기를 들려줬어요."
네스터의 눈빛이 어두워졌다. 그리고 자리에 앉으며 말했다.
"아, 그래. 골치 아픈 일이구나."

제이슨과 릭은 존재하지 않는 방과 지도가 숨겨져 있던 제단을 상세히 묘사해 가며 이야기를 계속했다.
"줄리아가 그 뱀들을 봤어야 하는데!"
"아마 당장에 기절하고 말았을걸."
이야기가 계속될수록 네스터의 얼굴이 어두워졌다. 이야기를 다 들은 네스터는 이렇게 말했다.
"그 여자는 우리가 생각하는 것보다 훨씬 위험하고 영리해."
"그런데 그 지도가 왜 그렇게 중요한 거예요, 네스터 할아버지?"
네스터는 퉁명스럽게 대답했다.
"모른다."
"그렇지만 옛 주인은 알고 있을 거예요. 지도를 찾아오도록 우리를 그곳으로 보낸 사람이 옛 주인이라면 틀림없이 이유가 있을 거예요. 그리고 율리시스 무어는 우리가 오블리비아 뉴턴보다 먼저 지도를 찾아낼 것이라고 믿은 게 분명해요."
제이슨이 말했다.

"실제로 그 여자보다 우리가 먼저 찾아냈어요. 아주 지능적으로요. 그리고 나서 그 여자가 우리 지도를 빼앗아 간 거고요."

릭이 분명하게 말했다.

제이슨은 한숨을 쉬었다.

"정말 낙심천만이야! 이런 기회가 다시 있을지도 알 수 없는 일이고."

"무슨 뜻이야?"

줄리아가 물었다.

제이슨은 손으로 탁자를 짚고 몸을 구부리며 속삭였다.

"어쩌면 이제 옛 주인이 우리를 안 믿을지도 몰라."

"어떻게 넌 아직도 옛 주인이 살아 있다고 확신하는 거니?"

"가능성은 두 가지야. 율리시스 무어는 아직 빌라 아르고 어딘가, 비밀의 방에 살고 있어. 그게 아니면, 그를 찾을 수 있는 단서들을 우리에게 남겨 둔 거고. 그렇지만 지도가 없으면 다음 단서를 추적하기 힘들 거야."

"그럼 어떻게 그걸 알아내야 하니?"

줄리아가 물었다.

세 아이가 모두 네스터 쪽으로 돌아섰다. 네스터는 즉시 아이들의 질문에서 빠져나가려고 했다.

"난 간다. 정원을 다시 손봐야 해."

"가시면 안 돼요!"

제이슨이 소리쳤다.

"안 된다고? 어째서?"

네스터는 힘들게 자리에서 일어나며 아픈 등을 주무르고 요란스럽게 숨을 들이쉬었다.

"우리를 도와주셔야 해요! 그 사람은 아직도 여기 있죠, 그렇죠?"

제이슨이 애원하듯 대답을 기다렸다.

네스터가 비웃듯 웃었다.

"제이슨, 넌 만화책을 너무 많이 읽었어. 옛 주인이라니……."

네스터는 다시 기침을 했다.

"맹세해 보세요. 그 사람이 여기에 없다고 제게 맹세해 보세요."

네스터는 두 손을 허리에 얹었다. 네스터의 얼굴은 어제보다 훨씬 더 지쳐 보였다. 작은 눈은 마치 열에 들뜬 듯 번들거렸다. 그때 줄리아가 끼어들었다.

"제이슨, 지금은 적당한 때가 아닌 것 같아."

"아니야."

제이슨이 줄리아의 말을 끊어 버렸다.

"우리에게 지금 무슨 일이 일어나고 있는지 알려면 뭐든 진실을 알아야 해! 우리는 모르는 게 너무 많아! 이 집, 옛 주인, 그의 친구와 적들에 대한 수수께끼가 너무 많아! 예를 들면, 우리는 뭐지? 정체를 알 수 없는 그 율리시스 무어의 친구야, 적이야?"

네스터는 정원 가운데 있는 자기 집과 아이들을 번갈아 보았다. 제이슨의 말이 맞았다. 아이들은 지금 너무 많은 수수께끼 속에서 암중모색하는 중이었다. 그래서 네스터는 이렇게 중얼거렸다.

"네게 뭔가 도움이 될 수도 있겠지……. 좋다, 맹세하마. 무어라는 성을 가진 사람은 더 이상 빌라 아르고에 살지 않아. 이제 됐니?"

이렇게 말한 뒤 네스터는 다리를 절며 아이들에게서 멀어졌다. 손수건으로 코를 풀면서.

잠시 후 릭이 이렇게 지적했다.

"율리시스 무어가 죽었다는 말을 피했어. 아주 지능적으로."

15분 뒤에 아이들은 접시와 컵을 부엌에 다시 갖다 놓고 하루를 어떻게 보낼지 결정하기로 했다.

릭은 절벽의 작은 계단 쪽으로 다가가서 머리카락을 어루만지는 가벼운 바람을 맞으며 바다를 바라보았다. 줄리아는 방으로 돌아가서 청바지를 입고 네 개의 열쇠를 주머니에 넣었다. 아래

층으로 내려온 줄리아는 아까 앉았던 의자에 앉아 뭔가를 열심히 쓰고 있는 제이슨을 발견했다.

"어디서부터 시작해야 할지 모르겠어."

제이슨이 말했다.

"오블리비아 뉴턴이 어디 사는지 알아?"

줄리아가 제이슨의 손에 있는 메모지를 읽고 나서 물었다.

"지금 어선 두 척이 돌아오고 있어. 부두로 내려가면 점심에 먹을 왕새우를 얻어 올 수 있을 거야."

릭이 두 아이 쪽으로 돌아오면서 알려 주었다.

제이슨은 율리시스 무어 부부가 사용하던 그 천 근같이 무거운 자전거를 타고 솔턴 클리프의 비탈길을 내려가야 한다는 생각만으로도 저절로 고개가 저어졌다.

"지금은 안 돼. 너 오블리비아 뉴턴이 어디 사는지 아니?"

"아니, 왜?"

제이슨은 자기가 메모한 것을 릭에게 보여 주었다.

1. 오블리비아 뉴턴이 빼앗아 간 지도를 되찾는다.

2. 지도에 뭐가 그려져 있는지 알아낸다(지도를 찾기 전이라도).

3. 시간의 문에 관한 것을 모두 알아낸다.

4. 빌라 아르고를 위에서 아래까지 샅샅이 뒤진다.

"이렇게 논리적인 제이슨은 처음 봐. 이집트 여행이 너를 변화시켰나 봐."

줄리아가 말했다.

릭은 의자를 옮겨 두 아이 옆에 자리를 잡고 앉았다.

"이 일을 다 하려면 얼마나 걸릴까?"

"오늘 하루밖에 시간이 없어."

"왜?"

줄리아가 궁금해했다.

"오늘 밤이면 엄마, 아빠가 돌아오시잖아. 릭은 집으로 돌아가야 하고."

릭의 얼굴이 갑자기 어두워졌다. 빌라 아르고를 떠난다는 생각을 한 번도 하지 않은 것 같았다.

줄리아가 행동 목록을 보면서 중얼거렸다.

"아직 뭔가가 부족해."

제이슨이 과장되게 고개를 들어 하늘을 본 뒤 말했다.

"드디어 우리 누나가 납시셨어! 뭐가 부족한데? 한번 들어 볼까?"

"저 밑에서…… 무슨 일이 있었을지 모르잖아."

줄리아는 두 소년이 자기 말을 이해했길 바라며 절벽 계단을 가리켰다.

5. 만프레드 시체 찾기.

제이슨이 새로 적어 넣은 글을 보며 줄리아가 비꼬았다.
"친절해서 눈물이 다 나려고 한다. 제이슨, 네 생각에는……."
그때 갑자기 요란한 기침 소리가 들렸다. 네스터가 갈퀴를 끌고 아이들 곁으로 왔다. 네스터는 길에 난 자동차 바퀴 자국을 갈퀴로 지워 버렸다. 그리고 퉁명스러운 목소리로 아이들에게 말했다.
"저 아래 바닷가에서는 아무것도 보지 못했다. 절벽 위에도 없어. 내가 이미 말했지만 그런 악당은 목숨이 일곱 개쯤 되지."
네스터는 기침을 해 댔다.
줄리아가 말했다.
"이것도 적어 넣어. 네스터 할아버지께 드릴 감기약 사기."
"오늘은 일요일이야. 닥터 보웬의 약국은 문을 닫았을걸."
릭이 상기시켰다.
"약 같은 건 필요 없다. 그냥 흔한 감기야."
네스터가 투덜거리듯 말했다.

"감기를 얕잡아 보시면 안 돼요. 특히 할아버지 연세에는 말이에요."

줄리아가 단호하게 말했다. 갑자기 제이슨이 릭을 향해 소리쳐 물었다.

"너 방금 뭐라고 했니?"

릭이 대답했다.

"일요일이라고. 그래서 닥터……."

"닥터 보웬이라고 했니? 닥터 보웬이라고? 오블리비아 뉴턴이 가져간 지도를 그린 사람과 똑같은 이름 아니니?"

"내가 이 나이까지 산 건, 내 평생 약을 먹지 않았기 때문이야. 이제 와서 약에 입을 댈 생각은 없다."

네스터가 줄리아에게 대꾸하며 두 소년의 대화를 끊어 버렸다. 하지만 릭은 네스터의 이야기를 듣고 있지 않았다.

"킬모어 코브라고 불리는 콘월 지방 지도, 단 하나뿐인 최초의 정밀 지도. 그럴 리가!"

릭이 놀라워했다.

"이번 일에서는 우연이 없다는 것을 이미 배웠잖아, 잊지 마."

제이슨이 말했다.

"얘들아! 얘들아, 너희도 네스터 할아버지께 뭐라고 말 좀 해 봐."

줄리아가 끼어들었다.

릭과 제이슨은 귀뚜라미처럼 즐거워하며 의자에서 벌떡 일어났다.

"토스 보웬은 닥터 보웬의 할아버지일지도 몰라."

"아니면 증조할아버지거나."

"아니면 고조할아버지거나! 어디 살지? 자전거는 어디 있지?"

"지금 몇 시야? 잘하면 점심 전에 도착할 수 있을 거야."

"얘들아!"

줄리아가 큰 소리로 두 아이를 불렀기 때문에 제이슨과 릭은 어쩔 수 없이 줄리아를 향해 돌아서야 했다.

"무슨 일인데?"

"전화다. 지금 전화벨이 울린다!"

네스터가 빌라 아르고를 가리키며 말했다.

제 2 장
런던에서 온 전화

킬모어 코브의 부두

제이슨은 수화기 무게가 몇 톤이라도 되는 양 어깨를 구부정하게 구부린 채 전화를 받았다.

"예, 엄마…… 아니에요. 그럼요, 엄마. 멀리 가지 않았어요. 아니에요……. 그럼요."

제이슨은 간절한 눈빛으로 누나를 바라보았다. 줄리아는 더 자세히 이야기하라고 손짓을 했다.

"우리가 아무 말도 하지 않으면 엄마는 의심을 하셔. 하지만 꼬치꼬치 길게 이야기를 늘어놓으면 그 말을 하나도 안 들으신다니까."

줄리아가 조그만 소리로 릭에게 털어놓았다.

"아하하하, 하하하. 아무 일도 없어요, 아무 일도요!"

제이슨은 계속 말을 했다. 하지만 화가 난 엄마의 말에 절망적으로 눈을 감았다.

"아니에요. 제 얘기 좀 들어 보세요. 그러니까…… 제가 농담했던 거예요……."

잠시 후 제이슨은 이렇게 덧붙였다.

"사실 우린 이집트에 갔었어요. 미궁 속에서 길을 잃었어요. 릭은 거의 악어에게 잡아먹힐 뻔했어요. 킬모어 코브에 사는 제 친구 릭 말이에요! 우리가 천장에서 뱀이 뚝뚝 떨어지는 방에 들어갔을 때 릭의 얼굴을 보셨으면……."

잠시 제이슨은 아무 말도 없다가 이렇게 대답했다.
"네, 알았어요. 누나 바꿔 드릴게요."
"엄마!"
줄리아가 아주 기분 좋게 소리쳤다.
"아, 그럼요. 우린 아주 잘 있어요. 비가 왔느냐고요? 폭풍우가 쳤는걸요! 그래서 집 안에서 보드 게임 했어요. 그리고……."
"그리고 절벽에서 다이빙했고!"
제이슨은 줄리아의 귀에 대고 속삭였다. 그리고 자기를 걷어차는 줄리아의 발을 아슬아슬하게 피했다.
제이슨은 더 이상 시간 낭비하지 말고 차고로 가서 자전거를 꺼내자고 릭에게 말했다.
두 아이는 전화기 곁을 떠났다. 하지만 밖으로 나가기 전에 시간의 문이 있는 돌의 방에 잠시 들렀다. 시간의 문은 그 자리에 그대로 조용히, 하지만 무서울 정도로 자신의 존재를 드러내며 있었다. 여기저기 불에 그슬리고 긁힌 나무 문에 네 개의 열쇠 구멍이 있었다. 열쇠 구멍의 모양이 마치 비웃는 사람의 얼굴 같았다.
"언제 다시 저 안으로 들어가지?"
릭이 넋을 잃은 듯 문을 보며 말했다.
"이 일을 다 하고 나서 곧."

제이슨이 릭에게 메모지를 보여 주며 말했다. 거기에는 목록 하나가 더 덧붙여져 있었다.

6. 당장 닥터 보웬에게 가기.

계단을 따라 걸린 옛 주인들의 초상화 가운데 하나가 웃는 것 같은 이상한 표정으로 만족스럽게 그들을 바라보고 있는 것 같았다.

"들었니?"
제이슨이 릭의 팔을 잡으며 물었다.
"뭘?"
제이슨은 계단 밑에 이르러 귀를 기울였다. 위층에서 종종걸음 소리가 선명하게 들려왔다.
"이 소리."
"빌어먹을, 그래, 들려."
제이슨은 천천히, 곡예사가 줄을 타듯 조심스럽게 계단을 하나하나 올라가기 시작했다. 줄리아는 계속 전화를 받고 있었다.
"그다음에 체스 게임을 했어요. 릭과 제이슨이 한편이고 난 혼자고요. 네…… 당연히 내가 이겼죠!"

제이슨은 계단을 오르며 정체불명의 소리에 가까이 다가갔다. 줄리아의 목소리는 점점 멀어졌다.

뚜벅, 뚜벅, 뚜벅.

율리시스 무어일까?

제이슨은 벽에 찰싹 달라붙은 채 옛 주인들의 초상화를 스치며 계단을 올라갔다. 그리고 율리시스 무어의 초상화가 걸려 있어야 할 텅 빈 벽에 이르렀다.

뚜벅, 뚜벅, 뚜벅.

소리는 계단 오른쪽의 첫 번째 방인 욕실에서 들려왔다.

제이슨은 발소리가 정말 그곳에서 나는지 확인하려고 다시 귀를 기울였다. 계단 왼쪽에는 탑의 방으로 연결되는 거울 문과 도서실이 있었다.

제이슨은 계단 난간 사이로 아래를 내려다보았다. 릭이 꼼짝도 하지 않고 1층에서 걱정스러운 듯이 자신을 쳐다보고 있었다. 제이슨은 고개를 끄덕여 릭을 안심시켰다. 줄리아가 수화기에 대고 웃는 소리가 멀리서 들려왔다.

뚜벅, 뚜벅, 뚜벅.

욕실 문 뒤에서 정체를 알 수 없는 누군가가 걷고 있었다.

제이슨은 숨을 깊이 들이마신 후 안으로 달려들었다.

"꼼짝 마라!"

제이슨이 문을 활짝 열어젖히며 소리쳤다.

처음에는 아무도 보이지 않았다. 욕실 창문이 열려 있다는 것 말고는 이상한 점도 없었다. 그러다 몇 초 뒤 커다란 들쥐가 세면대 위 선반에 늘어놓은 향수병 사이에서 빼꼼 나와 바닥으로 뛰어내렸다. 그리고 제이슨의 다리 사이로 달려왔다.

"이키!"

제이슨이 뒤로 물러서며 소리를 질렀다.

"왜 그래?"

릭이 계단을 뛰어 올라오며 소리쳤다.

쥐는 계단 밑으로 달려 내려갔다.

"젠장! 엄청나게 큰걸!"

계단 중간쯤에서 쥐를 발견한 릭이 소리쳤다.

두 아이보다 더 놀란 쥐는 세단 난간을 미끄러져 내려가려고 했다. 하지만 난간을 놓치고 공중에서 헛발질을 하다가 1층 바닥에 둔탁한 소리를 내며 떨어져 기절을 해 버렸다.

줄리아가 잠시 통화를 멈추고 물었다.

"얘들아! 뭐가 크다는 거야?"

그 소리에 들쥐가 다시 머리를 들었다. 하지만 여전히 당황해 어쩔 줄을 모르던 쥐는 줄리아가 전화하고 있는 방을 도주로로 선택했다.

잠시 후 줄리아의 비명 소리가 빌라 아르고를 가득 채웠다.

"예, 엄마……. 아니에요, 엄마……. 당연히 일부러 그런 건 아니죠."

제이슨은 이렇게 말하며 엄마가 잠시 말을 멈춘 틈을 타서 사건을 설명하려고 애를 썼다.

"바보 같은 장난이 아니고요, 쥐예요. 쥐가 욕실에서 뭘 하고 있었는지 모르겠어요. 아니요, 아빠도 모르실 것 같은데요. 창문으로 들어온 게 틀림없어요. 창문이 열려 있었어요. 줄리아 누나가 욕실에 갔었어요. 엄마 향수 틈에서 제가 찾아냈어요. 아니요, 엄마. 알아요……. 걱정 마세요. 향수병은 안 깨졌어요."

제이슨이 통화하는 동안 줄리아와 릭은 긴 빗자루를 들고 거실을 둘러보았다. 쥐가 정말 밖으로 나갔는지 확인하기 위해서였다. 두 사람의 표정은 정반대였다. 릭은 재미있어 죽을 것 같은 얼굴이었고 줄리아는 끔찍해서 죽을 것 같은 얼굴이었다.

"아하하하, 하하. 좋아요, 다 좋아요. 안녕하세요, 아빠……. 뭐라고요? 그게 정말이세요?"

제이슨은 오른손을 들어 승리의 표시를 만들어 보였다.

"아니, 그러니까 제 말은요…… 너무 안타까워요. 그런데 정말이세요?"

릭은 빗자루를 든 채 동작을 멈추고 제이슨의 말에 귀를 기울였다.

"아니요, 아니요, 아무 문제 없어요. 우리가 알아서 할게요. 네스터 할아버지를 바꿔 드릴 수는 없어요. 정원에서 일하고 계세요. 네스터 할아버지가 불편한 다리로 여기까지 오시려면 반나절은 걸릴 거예요. 점심때쯤 전화하면 틀림없이 통화하실 수 있을 거예요. 제가 알아서 할게요. 제가 말할게요. 예, 물론이에요. 알았어요. 꼼짝도 하지 않을게요. 걱정하지 마세요. 그럼, 전화 끊을게요, 아빠!"

찰칵.

제이슨은 뜨거워진 수화기를 내려놓더니 방 안을 껑충껑충 뛰어다니기 시작했다.

"야호! 야호! 야호! 엄마, 아빠가 오늘 못 돌아오실지도 몰라! 이사가 예정보다 더 오래 걸린대. 근사해. 일요일 하루가 전부 우리 거야, 애들아!"

몇 초 만에 제이슨의 손에 해야 할 목록이 적힌 메모지가 다시 나타났다.

"당장 닥터 보웬에게 달려가자."

"그 쥐가 집에서 나갔다는 걸 분명히 확인하기 전에는 안 돼!"

줄리아가 찬장 밑으로 빗자루를 넣어 휘저으며 말했다.

아이들은 집 밖으로 나가다가 네스터가 자갈길을 청소하며 두 바퀴 수레에 나뭇잎과 잔가지를 싣고 있는 것을 보았다.

"애들아, 나를 도와 정원 청소를 한다든가, 뭔가 쓸모 있는 일을 하며 시간을 보내는 게 어떠니?"

"죄송해요, 네스터 할아버지. 아주 급한 일이 있거든요!"

제이슨이 숨을 헐떡이며 말했다.

"그리고 엄마, 아빠의 이사에 문제가 생겼대요. 아마 월요일 오전이나 돌아오실 것 같아요. 우리는 지금 나가 봐야 해요. 전화가 오면 그건 할아버지가 받아 주세요. 우리는 바닷가에 내려갔다고 말씀해 주시고요."

"바닷가에 안 가고 어디 가려는 거냐?"

"닥터 보웬네요."

줄리아가 부엌에서 나오면서 대답했다. 한 손에 빗자루를 든 줄리아는 만족스러운 표정이었다.

"거기는 어떻게 갈 생각인데?"

"자전거로요."

제이슨이 대답했다.

"그럴 수 없을 거다."

네스터는 등을 구부려 하던 일을 계속했다. 줄리아는 계단을 내려와 네스터에게 다가갔다. 그사이 릭과 제이슨은 차고로 사라지고 없었다.

"등은 좀 어떠세요?"

"영혼이 병들어 가고 있어."

네스터가 대답했다.

하지만 그 순간 네스터의 눈은 번쩍였다. 지난밤 일을 생각하고 있는 것 같았다.

"내가 몇 년만 젊었어도 일이 그렇게 되지는 않았을 거야. 틀림없어."

뜻밖에 줄리아가 네스터의 뺨에 쪽 소리가 나게 입을 맞추며 위로했다.

"할아버지는 아주 훌륭하셨어요. 그렇게 자신에게 화내시지 않아도 돼요."

네스터가 갈퀴에 몸을 기댔다.

"안 그래도 된다고? 그럼 내가 어떻게 하면 될까? 즐거워할까?"

차고에서 쇳소리가 들렸고 뒤이어 비탄의 소리가 들려왔다.

"안 돼! 젠장할!"

처음에는 릭의 소리가 들렸다.

"안 돼애—!"

제이슨의 목소리는 메아리처럼 울렸다.

줄리아가 차고 쪽을 바라보았다. 네스터는 태연하게 갈퀴질을 다시 시작했다. 제이슨과 릭이 자전거 두 대를 밀고 나왔다.

"누구 짓이지?"

릭이 너무 울어서 갈라진 것 같은 목소리로 물었다.

릭의 자전거는 손잡이가 휘어져 있었고 체인은 톱니바퀴에서 빠져 덜렁거렸다.

줄리아는 곧바로 사태를 파악하고 한숨을 내쉬었다. 그리고 릭과 제이슨에게 어젯밤 만프레드가 정원을 돌아다니며 분풀이로 부술 수 있는 건 모두 부쉈다고 이야기해 주었다.

"나하고 네스터 할아버지는 아무것도 할 수가 없었어. 너무 놀랐거든. 저 위, 창문에서 지켜보기만 했어."

줄리아는 두 아이에게 그 창문을 알려 주려고 빌라 아르고 쪽으로 돌아섰다. 그때 줄리아는 다락방 창문 뒤에서 한 남자가 자신을 내려다보고 있는 것을 본 듯했다.

제 3 장
비밀을 쫓는 사람들

릭은 마치 수술 환자처럼 자기 자전거를 바닥에 눕혀 놓았다. 주위에는 네스터가 준비해 준 드라이버, 망치, 스패너와 펜치 같은 연장이 흩어져 있었다.

"음…… 생각보다 훨씬 상태가 안 좋아."

여러 각도에서 자전거를 살펴본 뒤 릭이 결론을 내렸다.

"심각하니?"

줄리아가 물었다.

제이슨과 줄리아는 완전히 무기력한 상태로 친구 뒤에 서 있었다. 제이슨의 현실 감각은 만화책에서 읽은 정보가 바닥나는 그 지점에서 멈춰 버렸고 줄리아는 자전거의 구조를 자세히 살펴본 적이 한 번도 없었다.

릭은 체인을 톱니바퀴 안에 다시 넣어 보았다.

"한 시간 정도 걸릴 것 같아. 더 걸릴 수도 있고."

제이슨이 우울하게 고개를 끄덕였다. 어쩔 수 없이 계획을 근본부터 수정해야만 했다.

"우리가 뭐 도울 일 있어?"

"지금은 없어. 그렇지만 나중에 다른 자전거를 고칠 때는 도와 줘야 해."

릭은 율리시스 무어 부부의 낡은 자전거 두 대를 가리키며 대답했다.

"저 두 대는 틀에만 문제가 조금 있을 뿐이야. 그래도 휘어진 걸 똑바로 펴려면 적어도 세 사람의 힘이 필요해."

제이슨이 주머니를 뒤지며 말했다.

"우리가 해야 할 일을 적은 메모지를 어디에 두었지?"

제이슨은 주머니를 하나씩 다 뒤집어 보았다. 하지만 마치 누군가가 훔쳐 가기라도 한 듯 메모지는 사라지고 없었다. 줄리아는 너그럽고 지혜롭게, 그걸 어디에 뒀는지 기억해 내려는 동생에게 이러쿵저러쿵하지 않았다.

아이들에게서 그리 멀리 떨어져 있지 않은 곳에서 네스터는 두 바퀴 손수레에 든 나뭇잎과 마른 가지들을 바닥에 쏟아 놓고 힘겹게 등을 구부려 불을 붙였다.

릭은 십자드라이버를 들고 톱니바퀴에 체인을 고정시켜 보려고 했다.

"어디서부터 시작해야 좋을지 모를 때에는 내가 하고 싶은 것부터 하는 거야. 아버지는 늘 그렇게 말씀하셨어."

자전거가 무시무시한 신음 소리를 냈지만 릭은 조금도 기죽지 않았다.

"네 아버님 말씀이 맞았으면 좋겠는걸."

제이슨이 중얼거렸다.

세 아이 위로 창문의 덧창이 활짝 열려 있고 방마다 가구와 골동품이 그득한 빌라 아르고가 우뚝 서 있었다.

"네가 이 자전거들하고 씨름하는 동안 누나하고 난 아직 조사하지 못한 방을 살펴볼게."

"자전거들이라고? 분명히 말했지? 다른 자전거를 고칠 때는 너희 둘이 도와줘야 한다고!"

릭이 투덜거렸다.

"알았어. 그전에 방을 하나씩 조사해서 혹시 우리에게 도움이 될 만한 단서가 있는지 찾아보도록 할게. 그럼 갈까, 누나?"

줄리아는 집 안으로 다시 들어가고 싶은 생각이 없었다. 줄리아는 아직도 다락방 창문에서 본 것 같은 그 사람 때문에 마음이 불안했다. 킬모어 코브에 이사 온 뒤로 처음, 집 안을 뒤진다는 게 겁이 났다.

줄리아는 그냥 여기에 남아서 릭을 도와주겠다고 말하려 했다. 그러다가 이성적으로 마음을 다잡았다. 만화책을 너무 많이 읽어서 어느 방이든 방문 뒤에 유령이 있다고 생각하는 미치광이는 제이슨이었다.

'난 아무도 보지 못했어.'

줄리아는 속으로 다시 한 번 되뇌었다. 다락방의 창문은 아주 높았다. 그러니까 창문에 반사된 햇빛이나 방 안 가구들의 그림자만으로도 누군가가 창문 뒤에서 자신들을 훔쳐보고 있다고 착각할 수 있었다.

"모자를 쓰고 있었어."

줄리아가 기억을 떠올리며 큰 소리로 말했다.

"누가 모자를 쓰고 있었다는 거야?"

제이슨이 물었다.

"L자 스패너 5번 좀 줄래?"

릭이 입술을 깨물며 말했다. 릭의 두 손은 기름 범벅이었다.

쌍둥이는 부엌으로 들어갔다. 그리고 식당으로 건너갔다.

제이슨은 꽃무늬 커튼을 들어 올리고 벽에 걸린 그림을 보았다. 구약 성서의 장면들을 그린 복제 명화 네 점이었다. 난로의 뚜껑도 열어 보았다. 난로 안은 텅 비어 있었다. 식당에 있는 유일한 가구인 서랍장 안에는 식탁보와 냅킨만 들어 있었다.

"여기는 별달리 비밀스러운 게 없는 것 같은데."

줄리아가 확인하듯 제이슨에게 물었다.

"지금 우리가 무슨 비밀스러운 것을 찾고 있는 거니?"

"물론이지."

제이슨은 식당 옆의 큰 거실을 다시 조사했다. 벽난로 안에 머리를 넣어 보기도 하고 쌓여 있는 책들을 몇 권 들어 보기도 하고 칠흑같이 까만 경주용 사냥개 석상 밑을 살펴보기도 했다. 그러나 결국은 이 거실에도 비밀스러운 게 전혀 없다는 것을 인정할 수밖에 없었다.

줄리아가 두 번째로 확인하듯 물었다.
"넌 우리가 뭘 찾아야 한다고 생각하는데?"
"우리가 놓쳤던 작은 사실."
제이슨은 잠시 생각에 잠겼다.
"옛 주인의 여행에 대해서, 시간의 문에 대해서, 오블리비아 뉴턴에 대해서 우리에게 뭔가를 더 알려 줄 수 있는 증거."

그다음으로 전화기가 있는 방을 샅샅이 뒤졌다. 줄리아는 방을 뒤지면서 네스터한테서 들은 율리시스 무어 부부의 여행 이야기를 제이슨에게 들려주었다.

"오블리비아 뉴턴이 이 집을 알게 된 것이 실수라고 했어. 끔찍한 실수래. 그런데 네스터 할아버지가 뭔가를 더 알고 있는 것 같지는 않았어."

두 아이는 돌의 방으로 가서 시간의 문 앞에 섰다.
"네가 찾는 비밀은 틀림없이 저기에 있어."
줄리아가 두근거리는 가슴을 누르며 말했다.
제이슨은 몸을 숙여 바닥에서 모래 알갱이를 주워 올렸다.
"이 모래는 우리가 미친 게 아니라는 걸 상기시키는 데 도움이 될 거야."

줄리아에게 모래를 보여 주며 제이슨이 조그맣게 말했다.

"열쇠 가지고 있어?"

줄리아가 고개를 끄덕였다.

"뭐 하게?"

제이슨은 열쇠를 넘겨받았다.

"네스터 할아버지가 저 문은 저 안으로 들어갔던 사람이 다 돌아왔을 때에만 다시 열 수 있다고 했어."

"아니면 다시는 돌아올 수 없거나……."

제이슨은 악어 손잡이가 달린 첫 번째 열쇠를 맨 위 열쇠 구멍에 넣었다.

"나하고 릭 대신 다른 누군가가 이 문으로 돌아올 수도 있었을까? 내가 궁금한 건 그거야."

두 번째로 딱따구리 열쇠를, 세 번째로 개구리 열쇠를, 네 번째로 고슴도치 열쇠를 열쇠 구멍에 집어넣었다.

"제이슨, 이게 잘하는 짓일까?"

"뭐가?"

"다시 그 문을 여는 것 말이야."

딸깍, 딸깍, 딸깍, 딸깍.

열쇠가 돌아갔다. 시간의 문이 활짝 열렸다.

제이슨과 줄리아는 문 앞에서 꼼짝도 하지 않았다. 문 너머에 원형의 방이 있었다. 눈을 가늘게 하고 바라보니 아래로 이어지는 세 개의 입구가 보였다. 그중 하나는 메티스가 쉬고 있는 지하 동굴로 통했다.

줄리아가 갑자기 말했다.

"만프레드가 우리 것하고 비슷한 열쇠를 가지고 있었어."

줄리아는 동생의 손에서 열쇠를 받아 들고 어루만졌다.

"그렇지만 자세히 보지는 못했어. 비가 왔고 난 너무너무 무서웠거든."

"열쇠라……. 그걸로 빌라 아르고에 들어오려고 했던 걸까?"

"그런 것 같아."

"네스터 할아버지는 뭐래?"

"빌라 아르고의 열쇠를 복사한 거라고 했어."

제이슨이 고개를 끄덕였다. 알 것 같았다. 만프레드는 네스터의 집에 가서, 빌라 아르고의 열쇠를 훔쳐 안으로 들어오려 했던 것이다.

"그런데 누나는 네스터 할아버지의 말을 믿어?"

"응."

"어제만 해도 별로 믿지 않았던 것 같은데."

"제이슨, 넌 어젯밤에 여기 없었잖아! 네스터 할아버지는 빌라 아르고를 지키느라 목숨을 잃을 뻔했어. 만프레드는 미치광이 같았어. 얼마나 무서웠는데……. 네스터 할아버지는 성격이 좀 까다롭기는 하지만 좋은 사람이야. 지금까지 우리에게 해 준 이야기가 모두 사실로 드러났잖아."

"그러면 율리시스 무어가 이곳에 있지 않다는 말도 사실일 수 있어."

제이슨이 한숨을 내쉬었다.

"우린 율리시스 무어를 찾아야 해, 누나. 이제 우리에겐 아무런 단서도 없어. 그 지도를 잃어버렸기 때문에 율리시스 무어를 찾을 실마리가 하나도 없어. 우리와 옛 주인을 연결해 주던 끈이 끊어져 버린 거야."

제이슨은 어두운 원형의 방을 자세히 살펴보았다.

"배가 부두에 돌아와 있을지도 모르잖아? 반딧불들이 아직도 동굴을 날아다니고 있을지도 모르고."

"그만 해. 이 문을 넘는다면 우리는 어쩔 수 없이 다시 메티스에 오르게 될 거야."

줄리아는 제이슨이 말을 계속하지 못하게 가로막았다.

"어떻게 그렇게 확신하지?"

"네스터 할아버지가 설명해 줬어."

줄리아는 거짓말을 했다. 제이슨이 다시 동굴로 뛰어들지 않기를 바랐기 때문이다.
 "일단 이 문으로 들어가면 넌 끝까지 가야만 해."
 제이슨은 발끝으로 문지방을 건드리며 말했다.
 "그러니까 이게 시간을 넘나드는 경계라는 거지. 한 발 들여놓기만 해도……."
 줄리아는 제이슨 앞에서 조심스레 시간의 문을 닫았다.
 "지금은 아니야, 제이슨. 우리에겐 다른 할 일이 있어. 여기 킬모어 코브에서."

 두 아이는 수없이 많은 고리가 연결되듯 벽에 걸린 옛 주인들의 초상화를 주의 깊게 살피면서 2층으로 올라갔다. 계단 맨 위에 다다른 제이슨과 줄리아는 탑의 방으로 들어가는 대신에 도서실을 한번 둘러보기로 했다.
 덧창이 활짝 열려 있기는 했어도 방 안은 해 질 녘처럼 어슴푸레했다. 수많은 책장과 천장의 그림 때문에 도서실은 더욱 위압적으로 느껴지는 것 같았다. 그래도 방에 난 두 개의 창문 중 한 창문으로는 정원의 나무들이 보였다. 다른 한 창문은 자갈이 깔린 안뜰과 대문 쪽으로 나 있었다.
 방이 꽉 찬 듯한 느낌이 드는 것은 벽을 가득 채운 검은 책장들 때문이었다. 어떤 책장에는 황동 망으로 된 문이 달려 있었다. 주제별로 나뉜 책꽂이에 황동 판 색인이 붙어 있었다.

　방 한가운데에는 왜가리 모양의 청동 샹들리에가 달려 있었다. 샹들리에는 높이가 낮은 크리스털 책상과 소가죽 소파를 비추었다. 그리고 회전의자 두 개와 벽에 붙여 놓은 피아노가 있을 뿐, 방 안에 다른 것은 없었다.

　줄리아는 값비싼 책을 꽂아 둔 책장의 금빛 책들을 넋을 잃고 보고 있었다. 그 사이 제이슨은 피아노 뚜껑을 열고 되는대로 건반을 눌러 보았다. 갑자기 너무나 날카로운 소리가 나서 줄리아뿐만 아니라 제이슨마저 깜짝 놀라고 말았다.

　"다시는 피아노 칠 생각 하지 마라!"

　줄리아가 장난치듯 경고했다.

　"명령대로 합죠!"

　제이슨은 이렇게 말하며 피아노에서 멀어졌다.

　'팔레오그라피아'라고 적힌 선반의 텅 빈 공간이 눈에 들어왔다. 아이들이 꺼내 간 〈사라진 언어 사전〉이 있던 자리였다.

　제이슨이 넌지시 말했다.

　"이곳의 역사를 알려면 옛 주인의 역사를 알아야 해."

　"네스터 할아버지가 이 방에 율리시스 무어의 가계도가 있을 거라고 했는데……. 그런데 아무것도 안 보여."

　줄리아가 말했다.

제이슨과 줄리아는 그 가계도라는 게 먼지 쌓인 두툼한 책일 거라고 생각하고는 책장들을 뒤졌다. 아이들은 잠시 책장을 뒤지다가 황동 망으로 된 문을 열어 보았다. 그 문 안에는 검은 천으로 제본된 작은 책들이 들어 있었다. 책등에는 금빛으로 숫자가 새겨져 있었다.

"이것인 것 같아."

줄리아가 가장 최근 것으로 보이는 책 한 권을 꺼내며 말했다.

표지에는 아무 글자도 적혀 있지 않았다. 책 안에도 아무것도 적혀 있지 않다가 몇 쪽 뒤에 가계도 양식으로 그린 그림이 하나 나타났다. 그리고 곧이어 흑백 사진 한 장이 나왔다.

사진 속의 남자는 엄해 보이는 눈에 풍성한 흰 콧수염을 기르고 영국 군복을 입고 있었다. 코끼리 상아 앞에서 찍은 사진이었다. 사진 밑에 머큐리 말콤 무어라는 이름과 출생 연도와 사망 연도가 적혀 있었는데 날짜는 지난 세기로 거슬러 올라갔다.

사진에 뒤이어 여러 가지 편지와 종이가 흩어지지 않게 하나로 묶여 있었다. 편지 사이사이에는 사진을 보호할 때 쓰는 얇은 종이가 끼여 있었다. 오래된 우체국 소인 때문에 글자가 보이지 않는 편지, 우표와 낯선 서류들도 있었다.

"머큐리라는 사람은 인도에 살았던 것 같아. 아니면 거기보다 더 먼 어느 곳이거나."

줄리아가 책장을 넘기며 말했다.

머큐리 말콤 무어의 사진과 편지에 뒤이어 사냥복을 입은 토머스 무어와 애너벨리 무어의 사진이 나타났다. 그들의 사진과 편지와 서류들도 있었다.

제이슨은 선반에서 다른 책을 하나 꺼내 넘겨 보기 시작했다. 깔끔하게 분류된 다른 이름과 자료들을 발견할 수 있었다. 쌍둥이는 책을 좀 더 유심히 살펴보려고 소파로 자리를 옮겼다.

"이걸 다 정리하는 데 얼마나 걸렸을까?"

제이슨이 말했다. 그러다가 책을 덮고 또 이렇게 말했다.

"그렇지만 이건 진짜 가계도가 아니야! 그냥 가문의 선조들이 쓴 글과 편지를 모아 놓은 거야."

"그래? 좋아, 그럼 눈을 들어 봐!"

줄리아가 말했다. 제이슨은 도서실의 천장을 쳐다보았다.

천장에는 다섯 개의 커다란 원이 그려져 있었는데 원은 프레스코화로 그린 큰 나뭇가지로 서로 연결되어 있었다. 나뭇가지 위에는 동물과 희한한 과일들이 그려져 있었고 저마다 이름이 적혀 있었다.

"가계도가 눈앞에 있네!"

제이슨이 그 사실을 알아차리자마자 소리쳤다.

"칸타렐루스 무어…… 티베리우스 무어와 아드리아나 무

어…… 하비에르 무어…….."

두 아이는 나뭇가지에 적힌 이름들을 읽기 시작했다. 하나하나 읽어 나가다가 맨 위에 있는 가지, 두 개의 이름만이 적힌 가지에 이르렀다. 하얀 갈매기 위에 율리시스 무어와 페넬로페 무어라고 적혀 있었다. 이 가문의 마지막 인물이었다.

"굉장해!"

줄리아는 입을 다물지 못한 채 그 희한한 나무 위의 동물들을 바라보며 감탄했다.

"왜 여태 이걸 보지 못했는지 모르겠어."

"우리가 고개를 든 적이 없으니까."

제이슨과 줄리아는 당장 검은 소책자에 적힌 사람들의 이름을 천장의 가계도에서 찾아냈다. 그리고 천장에 그려진 그림이 이 책을 보는 데 중요한 지침이 된다는 것을 알아냈다.

"이것 좀 봐!"

한 원에 파묻힌 뿌리들을 살펴보던 제이슨이 소리쳤다.

"무어 가문의 가계도가 거북 세 마리에서 시작됐어! 또 이 상징이야."

"또라니?"

"이건 절벽 동굴의 문에도 있던 거야. 그리고 푼트의 존재하지 않는 방에 있던 석상 밑에도 있었어."

제이슨은 홀린 듯 천장의 그림에서 눈을 떼지 못했다. 그리고 다른 원들도 더 자세히 살펴보았다. 다른 원에는 시간의 문을 여는 열쇠 손잡이의 동물들이 그려져 있었다.

"드디어 찾았어!"

제이슨은 프레스코 벽화에서 메티스와 비슷한 다른 배를 발견했다. 제이슨은 탑의 방에 있던 모형 선박들이 생각나서 도서실에서 나왔다. 그리고 거울 문을 열고 킬모어 코브의 바다가 내려다보이는 탑의 방으로 들어갔다.

방은 어젯밤 네스터가 떠날 때와 조금도 다르지 않았다. 네스터는 고장 난 창문이 열리지 않게 조치해 놓았다. 그래도 바닷바람이 들어오기는 했다. 방바닥에는 일기장과 공책들이 쌓여 있었고 나무 탁자 위에 모형 선박들이 놓여 있었다.

제이슨은 '네페르티티의 눈'을 집어 들며 그것을 만들었던 대서기관을 생각했다. 그리고 다른 배들을 차례로 살펴보았다. 통나무배, 곤돌라, 소형 범선, 대형 갤리선……. 가계도에는 왜 이런 배들이 그려져 있는 것일까?

동생이 있는 방으로 온 줄리아는 창가로 다가갔다. 릭은 뜰에서 줄리아를 보았다. 릭이 아는 척을 하며 손을 들어 줄리아를 불렀다.

"내 자전거는 다 고쳤어! 내려와서 다른 자전거 고치는 것 좀 도와줘."

줄리아는 알았다는 신호를 보내고 제이슨을 불렀다.

"릭이 자전거를 다 고쳤대."

제이슨은 고개를 가로저었다.

"내가 잘못 생각하고 있는 건지도 모르겠지만, 빌라 아르고에서 우리가 알아내야 할 것은 벌써 다 알아낸 건지도 몰라."

줄리아는 깜짝 놀랐다. 자신은 이제야 이 집의 역사에 흥미가 생겼기 때문이다.

"참 이상해. 아직 읽어야 할 책이 100여 권은 되고, 이 일기장과 공책들도 있는데."

"그 책을 다 읽을 시간이 없어."

"그럼 넌 어떻게 할 생각인데?"

"페달을 밟아야지."

제 4 장
브레이크 없는 자전거

킬모어 코브의 등대

이미 하늘 높이 해가 떠 있었다. 자전거 두 대는 대충 수리가 되어 있었다. 킬모어 코브 바닷가에서 평화로운 일요일의 웃음 소리가 산들바람에 실려 들려왔다. 갈매기들은 절벽의 바위에 앉아 바람을 즐겼다.

두 바퀴 수레를 앞뒤로 밀며 화를 내는 네스터가 지켜보는 가운데 아이들은 마지막으로 무어 부인의 자전거를 고치고 있었다. 이 자전거는 앞 부분만 조금 휘어졌을 뿐이었다. 이제 바퀴가 돌기 시작했다. 릭은 자전거를 완벽하게 고쳤다고 생각했다.

뜰에서 몇 차례 시험 운전을 해 보았다. 브레이크가 잘 작동되지 않았지만 제이슨은 그래도 자전거를 몰기로 했다.

이제 세 아이는 모두 자전거에 올라앉았다.

"네스터 할아버지, 저희 다녀올게요."

제이슨이 소리쳤다.

"꿈도 꾸지 마라! 그런 고철을 타고 나가게 둘 수는 없다."

네스터는 지친 듯 수레에 몸을 기댔다. 눈은 아까보다 더 번들거렸고 숨이 가빠졌는데, 그나마 기침 때문에 제대로 쉬지도 못했다.

"그렇게 일하시면 안 돼요."

줄리아가 네스터에게 말했다.

"그럼 어쩌니, 날 도와줄 사람이 아무도 없는데……."

"그래도 오늘은 일요일이잖아요!"

"매일 자라는 나무와 풀에게 그 말 좀 해 주렴."

"닥터 보웬이 어디 사는지 아세요?"

"모른다."

"그럼 오블리비아 뉴턴은요?"

"그것도 몰라."

"그렇지만 킬모어 코브에 사는 사람들을 전부 다 안다고 하지 않으셨어요?"

"그런 말 한 적 없다."

네스터는 아이들에게 등을 돌린 채 기침을 해 댔다.

릭이 한숨을 쉬며 자전거를 땅바닥에 눕혀 놓고 빌라 아르고 안으로 들어갔다. 몇 분 후 다시 뜰로 나온 릭은 네스터에게서 무슨 정보라도 얻어 내려고 애쓰는 줄리아와 제이슨을 보았다.

"닥터 보웬의 집은 이 근처야. 허밍 버드 앨리에 있는 저택인데, 솔턴 클리프 오른쪽 끝이야."

릭이 말했다. 네스터는 발을 구르며 화를 냈다.

"대체 네가 그걸 어떻게 알아낸 거냐?"

"어머니에게 전화해 봤어요."

"오, 정말 지능적이구나! 뭔가를 숨길 수도 없으니."

"왜 닥터 보웬의 주소를 우리에게 숨기시는 거예요?"

네스터는 잠시 아무 말도 하지 않았다. 그럴듯한 대답을 찾으려고 하는 것 같았다.

"난 약 같은 건 필요 없어, 알겠니? 쓸데없는 짓 하지 마라."

제이슨이 웃었다.

"이제 이유를 알겠어요! 그렇지만 그건 의사 선생님이 알아서 결정할 거예요."

제이슨은 다시 무어 부인의 자전거에 올라타고 대문을 향해 출발했다. 다른 두 대의 자전거가 그 뒤를 따랐다. 네스터가 소리쳤다.

"쓸데 없는 짓 하지 마라! 난 절대 약 안 먹어."

네스터는 허리를 구부리며 다시 기침을 했다. 그러고 나서 다시 고개를 들었을 때 아이들은 이미 사라지고 없었다.

"아아아아악! 우우우우흐!"

제이슨이 솔턴 클리프의 내리막길을 따라 릭과 줄리아의 앞으로 화살처럼 달려 나가며 비명을 질렀다.

"브레이크가 안 걸려어어어!"

줄리아는 덜커덕덜커덕 소리를 내는 무거운 자전거의 속도를 완벽하게 조절하면서 웃었다.

이 길에 숨어 있는 위험을 낱낱이 알고 있는 릭은 제이슨에게

다가가려고 애쓰며, 발로 제동을 걸어 보라고 뒤에서 소리를 질렀다.

"그러다간 내 다리가 부러지고 말 거야아아아!"

제이슨은 속도를 줄이기 위해 오른쪽 왼쪽 지그재그로 자전거를 몰아 보려고 했다. 첫 번째 굽잇길이 나타났다. 제이슨은 번개처럼 빠르게 지나갔다. 빗물이 말라 가는 거무죽죽한 길이 바퀴 밑으로 휙휙 지나갔다.

릭은 자신의 자전거가 이상하게 움직이는 것을 느꼈다. 핸들이 평소보다 더 심하게 떨렸다. 앞바퀴가 금방이라도 빠져 버릴 것 같았다.

릭이 굽잇길을 돌았을 때 제이슨은 벌써 두 번째 굽잇길을 지나고 있었다. 제이슨은 모퉁이를 크게 돌아 굽잇길 너머로 사라지며 계속 비명을 질렀다. 반대쪽에서 올라오는 차가 없는 게 천만다행이었다.

릭은 줄리아가 자전거를 잘 몰고 있는지 확인한 후 자기가 제이슨에게 가 보겠다고 신호를 보냈다.

릭은 핸들 쪽으로 몸을 숙이며 빠르게 달렸다. 흰색의 고요한 절벽 솔턴 클리프가 등 뒤로 멀어져 갔고, 눈앞의 굽잇길 너머로 킬모어 코브의 집들이 가까워졌다.

두 번째 굽잇길을 지난 릭은 제이슨이 벌써 세 번째 굽잇길에

들어서는 것을 보았다. 제이슨은 자전거 경주 선수 못지않은 속도로 달리고 있었다. 멀리서 들려오는 제이슨의 비명 소리에는 이제 즐거움과 두려움이 뒤섞여 있었다.

릭은 더 속도를 내야 한다는 생각이 들자, 솔직히 걱정이 되어서 이를 악물었다. 그렇지만 릭은 해냈다. 릭의 티셔츠가 바람에 부풀었다.

제이슨이 되는대로 세 번째 굽잇길을 향해 달리는 것을 보자 릭은 순간적으로 눈을 감아 버렸다. 하지만 다시 눈을 떴을 때 제이슨은 화살처럼 빠르게 자전거 몸체로 공기를 진동시키며 굽잇길을 달리고 있었다. 오른쪽으로는 풀밭이 넓게 펼쳐져 있었고 반대쪽은 바다였다.

릭은 자전거를 멈추기로 작정했다. 요란한 소리를 내며 자전거가 멈추었고, 줄리아가 뒤에서 다가왔다. 릭은 핸들에서 한 손을 들며 줄리아에게 소리쳤다.

"닥터 보웬의 집은 바로 저 굽잇길 뒤에 있어. 오른쪽이 허밍버드 앨리야!"

줄리아가 고개를 끄덕이며 핸들을 힘껏 잡았다.

"제이슨이 봤어야 할 텐데!"

릭과 줄리아는 세 번째 굽잇길로 접어들었다.

모퉁이를 돌자마자 웅덩이에 빠져 바퀴가 하늘로 향한 제이슨의 자전거가 보였다.

"오, 세상에!"

릭이 자전거에서 뛰어내리며 외쳤다. 자전거의 뒷바퀴는 아직도 미친 듯이 돌고 있었고, 다른 부분은 튜브들이 복잡하게 뒤얽혀 있었다.

"제이슨! 어떻게 된 거야?"

줄리아가 정신없이 소리치며 자기 자전거를 땅에 내팽개친 채 제이슨에게 달려갔다.

제이슨은 깜짝 놀라는 것 같더니 뒤를 돌아보았다.

"브레이크를 걸었어!"

제이슨이 웃으며 외쳤다.

제이슨의 바지와 티셔츠에 온통 풀물이 들었지만, 이런 사고에도 제이슨은 상처를 입지 않은 것 같았다. 그뿐만이 아니었다. 자기가 추락한 곳 옆에 있는 대문을 손가락으로 가리켰다. 파란색이 칠해진 나무 문이었는데, 'B'가 크게 그려진 꽃 모양의 문패가 붙어 있었다.

닥터 보웬의 집이 틀림없었다.

제 5 장
검은 전화기

릭 배너의 집

네스터는 아이들이 멀어져 가는 것을 확인한 뒤 수레를 뜰 한가운데에 팽개쳐 둔 채 자기 집으로 들어갔다. 안으로 들어가자마자 문을 잠그고 창문의 커튼을 모두 내렸다. 그리고 검은색 전화기 옆으로 갔다.

네스터는 전선이 달린 도구들을 모두 증오했는데, 이 전화기라는 것도 몹시 싫어했다. 그렇지만 이제 전화를 걸어야 할 때가 되었다. 위태로운 상황이 급박하게 전개되고 있었다. 자신이 실수를 한 것인지도 모른다는 생각이 점점 커졌다.

제이슨과 릭의 이야기를 들은 뒤, 그리고 그 마녀 같은 오블리비아 뉴턴이 어떻게 지도를 빼앗아 갔는지를 듣고 난 뒤, 네스터는 자신이 끔찍한 실수를 저질렀다는 생각을 머릿속에서 떨쳐 버릴 수가 없었다. 되돌릴 수 없는 실수였다.

아이들의 이야기를 들으면서 머릿속에 떠오르는 의문이 너무나 많았다. 왜 지도가 제자리에 있지 않았던 걸까? 누가 지도를 존재하지 않는 방으로 옮긴 걸까? 왜 이집트 입구가 가벽으로 막혀 있었던 걸까?

아무도 말해 주지 않았다. 네스터는 아무것도 모르고 있었다.

물론 대답은 단 하나이다. 오블리비아 뉴턴 짓이다.

그런데 제이슨과 릭의 이야기를 들어 보면 오블리비아 뉴턴도 네 개의 막대 벽감이 텅 빈 것을 발견하고 당황한 것 같았다. 그렇다면? 그렇다면 뭔가가 잘못된 것이다. 뭔가 변화가 있었다. 그런데 아무도 그 사실을 알려 주지 않았다.

"내가 전화를 해야 해."

네스터는 마치 자기 집에 같이 있는 누군가에게 허락을 구하기라도 하듯 큰 소리로 말했다.

네스터는 전화기에 손을 댔다. 선 채로 전화를 해야 할지 의자에 앉아서 해야 할지 정할 수가 없었다. 긴장할 때면 늘 그렇듯이 손가락이 저렸다. 마침내 수화기를 잡고 전화번호를 돌렸다.

"호머 앤드 호머 이삿짐센터입니다."

비서가 전화를 받았다.

"사장 바꿔요."

"사장님은 안 계십니다. 지금 급한 일이 있으셔서……."

"형이라고 전해요."

"잠깐만 기다리세요."

짜증 나는 음악이 몇 분 동안 들리더니 호머가 전화를 받았다.

"안녕하세요, 형님."

"잘 있었니? 네 비서를 통하지 않는 방법은 없냐?"

"비서가 성가신 사람들을 걸러 줘야 해요. 말씀하세요. 아니, 아니요. 제가 먼저 얘기할게요. 커버넌트 부부가 몹시 화가 나 있어요. 계속 이런 식으로 하면 우리와 계약한 걸 취소하고 다른

이삿짐센터에 맡길 거래요."

"그럼 그런 식으로 하지 마라. 그래도 내일까지는 런던에 붙잡아 놔야 해."

"할 수 있을지 모르겠는데……."

"300파운드 더 주마."

"좋아요."

"커버넌트 부부가 돌아오려는 것 같으면 나한테 미리 전화해라, 알겠지?"

"알았어요. 사장은 형님이니까요."

"날 그렇게 부르지 마라."

"원하신다면요, 형님."

"그렇게도 부르지 마!"

네스터는 호머에게 욕을 퍼부어 댔다. 호머는 화가 났지만 지금은 여러 가지 질문을 할 때가 아니라는 것쯤은 알 만한 머리가 있었다. 게다가 되도록 늦게 이사를 해 달라고 이삿짐센터에 돈을 줄 사람이 어디에 있겠는가?

네스터는 방을 한 바퀴 돌다가 다시 전화기 쪽으로 빠르게 움직였다. 수화기를 들고 다이얼을 돌렸다. 오랜 세월이 흘렀지만, 번호는 정확하게 기억하고 있었다. 신호음이 들렸다.

"아마 전화를 받지 않을 거야."

네스터는 손가락으로 전화기를 두들기기 시작했다. 그리고 커튼을 살짝 들어 밖을 내다본 후 다시 커튼을 내렸다. 네스터가 막 수화기를 내려놓으려고 할 때였다. 낮고 음울한 남자의 목소리가 수화기 건너편에서 들렸다.

"누구십니까?"

"잘 있었나, 레오나르도?"

네스터가 두 다리에 균형을 맞추며 말했다.

건너편에서 오랜 침묵이 이어졌다.

"꽤 오랜만이지?"

네스터가 계속 말을 했다.

"그런 것 같군."

킬모어 코브의 등대지기인 레오나르도 미나소가 대답했다.

"그런데 무슨 일로 전화한 건가?"

"열쇠가 다시 나타났어."

다시 긴 침묵.

"몇 개?"

"네 개에다 또 하나. 어쩌면 둘일 수도 있고."

"게임을 다시 시작한 건 누구인가?"

"몰라. 어쨌든 열쇠가 다시 킬모어 코브에 나타났어."

"누가 가지고 있지?"

"세 아이. 그리고 도둑들의 여왕."

"아이들은 지금 어디 있나?"

"그를 찾고 있네."

제 6 장
지도가 있던 자리

우체국

인터폰에서 여자의 명랑한 목소리가 들려왔다. 세 아이가 닥터 보웬을 만나고 싶다고 말하자 삐 하는 소리가 들렸고 그것이 신호가 되어 아이들은 하얀 자갈이 깔린 오솔길로 들어갈 수 있었다.

"난쟁이 집안인가 봐."

줄리아가 말했다.

정원에는 시멘트로 만든 난쟁이가 아이들에게 추파를 던지고 있었다. 그리고 줄에 리본이 달린 그네, 둥근 우물과 쇠줄에 매달린 두레박, 빙카 꽃이 가득 실린 나무 수레까지 있었다.

"오, 오, 얘들아, 이쪽이야!"

아까 인터폰에서 들렸던 명랑한 목소리가 현관 쪽에서 났다.

하얀 자갈길이 직사각형의 타일을 깐 정돈된 오솔길로 바뀌었다. 부드러운 동양의 풍경 소리와 함께 현관문이 반쯤 열렸다. 바람이 불 때마다 풍경의 나무 막대들이 이리저리 흔들리며 서로 부딪쳐 소리를 냈다.

창백하고 핏기 없는 여인이 문을 열고 나왔다. 완벽하게 손질한 머리는 우주 비행사의 헬멧을 쓴 것 같았다. 손에는 파란색 실내용 슬리퍼 두 켤레를 들고 있었다. 여자는 세 아이를 보자 "이런!" 하고 소리쳤다. 그리고 재빨리 뒤에서 세 번째 슬리퍼를 꺼내 들었다.

제이슨과 릭은 아무도 눈치 채지 못하게 뒤로 물러나면서 줄리아를 앞으로 내세웠다.

"안녕하세요, 부인."

줄리아가 이렇게 말을 시작했다.

"귀찮게 해 드려 죄송해요. 저희는 닥터 보웬 선생님을 찾아왔는데요."

부인은 여전히 명랑한 목소리로 대답했다.

"귀찮을 것 하나도 없단다, 얘들아. 미안하지만 이 슬리퍼를 신고 안으로 들어오겠니? 방금 왁스 칠을 해서."

"네, 그럴게요!"

부인은 아이들이 운동화를 벗고 슬리퍼로 갈아 신는 것을 지켜보고 서 있었다.

"얘, 넌 무슨 일이 있었니?"

제이슨을 본 부인이 조금 걱정스러운 듯 물었다. 아니, 더 정확히 말해 풀물이 든 제이슨의 바지와 티셔츠가 걱정되는 것 같았다.

제이슨이 간단히 설명했다. 부인은 고개를 저으며 소리쳤다.

"오, 세상에! 여기서 잠깐만 기다려라!"

그러더니 부인은 다시 집 안으로 들어갔다.

"집을 굉장히 깨끗하게 관리하나 봐."

제이슨이 릭의 옆구리를 팔꿈치로 치면서 말했다. 이미 남모르게 집 안을 훑어본 줄리아도 소곤거렸다.

"바닥에 얼굴이 비칠 정도야."

부인이 흰 면으로 된 목욕 가운을 들고 다시 나타났다. 부인은 제이슨에게 가운을 주었다.

"미안하지만, 자리에 앉기 전에 먼저 이걸 입어라."

제이슨은 마치 환자처럼 하얀 가운을 받아 입었다. 그런 뒤 두 아이의 뒤를 따라 집 안으로 들어가면서 비꼬듯 투덜거렸다.

"그래도 자전거에서 떨어지면서 다치지는 않았어요. 관심을 가져 주셔서 대단히 감사합니다만 환자는 아니에요."

집 안은 너무나 깨끗하고 새하얘서 눈이 부실 지경이었다. 빌라 아르고의 오래된 방과 벽돌과 프레스코 벽화에 익숙해진 아이들은 이렇게 병원처럼 새하얗고 윤이 나는 마룻바닥을 보고 깜짝 놀랐다.

가구는 거의 없었고, 있는 것도 이 집 안의 분위기에 전혀 어울리지 않았다. 의자들은 산골 농가에나 있을 법한 촌스러운 꽃무늬가 그려진 것들이었다. 탁자들은 반짝이는 크리스털과 알루미늄으로 되어 있어서 마치 동물 병원에서나 쓰는 것 같았다. 빌라 아르고의 놋쇠 샹들리에 대신에 이곳에서는 천장 귀퉁이에

외계인처럼 튀어나와 있는 형광등들이 차갑게 흰 빛을 비출 뿐이었다.

닥터 보웬은 응접실에서 소파에 깊숙이 앉아 잡지의 유머난을 읽고 있었다. 닥터 보웬은 중년의 신사로, 친구들과 흙장난을 하러 갈 수 없어 실망한 어린아이 같은 눈빛을 하고 있었다. 적어도 제이슨이 보기에는 그랬다.

"어서 와라, 얘들아. 무슨 일로 날 찾아온 거냐?"

닥터 보웬이 상냥하게 물었다. 아이들이 입을 뗄 틈도 주지 않고 보웬 부인이 자세한 사건 경위를 요약해 들려주었다. 그리고 참 잘했다고 칭찬해 주기를 바라는 듯 아이들을 건너다보았다.

"그럼 자전거는 부서졌니?"

닥터 보웬이 호기심 가득한 눈으로 물었다.

"이 앞 웅덩이에 빠져 있어요."

"이제는 쓸 수 없을 거예요."

"저런, 안됐구나."

"그래도 어쨌든 저는 조금도 다치지 않았어요!"

제이슨이 모두에게 이 사실을 다시 한 번 상기시켰다.

"오, 정말 대단하구나! 여보, 에드나, 우리 딸이 쓰던 자전거가 아직 차고에 있지?"

닥터 보웬이 아내에게 물었다. 부인의 눈에 불안이 깃들었다.

"그럼요. 잘 닦아서 보관해 두었는걸요."

"우리 딸은 마흔 살이고 런던에 산단다. 그 자전거를 다시 탈 일은 없을 것 같구나."

닥터 보웬이 설명했다. 그리고 아내를 돌아보며 물었다.

"이 아이들에게 그 자전거를 빌려 줘도 좋을 것 같은데, 당신 생각은 어떻소?"

"아."

보웬 부인은 이 한 마디밖에 하지 않았다. 남편의 제안에 동의하고 싶은 생각이 전혀 없는 게 분명했다.

"밖으로 내놓는 게 좋겠소. 차고 안에 있어 봐야 먼지만 뒤집어쓸 텐데."

보웬 부인은 반대를 해 보려 했으나 남편의 생각은 확고부동했다. 보웬 부인은 '아이들이 가고 나면 가만 안 둬둘 거예요.'라고 말하는 것 같은 눈으로 남편을 한 번 흘겨보고는 휙 돌아서서 밖으로 나갔다. 거대한 머리가 푸딩처럼 흔들렸다.

닥터 보웬은 문이 닫히는 소리가 날 때까지 기다렸다가 아이들에게로 시선을 돌렸다.

"그러니까 네스터 씨가 몸이 좋지 않다는 말이냐?"

"예. 계속 기침을 하세요. 눈도 열에 들뜬 것 같고요."

"왕진 가 보시는 게 좋을 텐데."

닥터 보웬이 빈정거리듯 웃었다.

"왕진이라! 아! 지금까지 그 집에 왕진 가 본 의사가 있을까? 빌라 아르고 사람들에게는 아스피린 하나 팔아 보지 못한 것 같은데. 아니, 아니지. 딱 한 번 정원사 네스터 씨가 햇빛 화상에 바르는 자외선 차단제를 사러 온 적이 있어. 무어 부인이 쓸 거라고 했지."

닥터 보웬이 목이 울리는 소리를 내며 웃었다.

"내 기억으로는, 사하라 사막에서나 쓸 정도로 효능이 좋은 걸 사 갔지. 킬모어 코브의 햇빛에도 화상을 입는 걸 보면 무어 부인의 피부가 굉장히 약했던 게 틀림없어."

"그런가 보네요."

제이슨과 릭이 긴장한 채 웃었다.

"또 한 번은 뱀에 물린 상처에 쓸 혈청을 사러 왔지. 틀림없어! 그렇지만 그것 말고는 약을 사러 온 적이 없었어. 그러니까 네스터 씨한테 들을 만한 약을 준다는 게 쉽지 않을 것 같구나. 기분은 어떤 것 같더냐? 율리시스 무어 부부가 있을 때에도 아주 까다로운 사람이었는데, 지금은 어떨지 상상조차 하고 싶지 않구나."

"신경을 건드리지만 않으면 그렇게 나쁜 성격은 아니에요."

줄리아가 변명했지만, 닥터 보웬은 말을 멈추지 않았다.

"네스터 씨는 옛날 사람이야. 약이나 의사를 믿지 않지. 다리 때문에 의사들에게 반감을 갖고 있는 것 같더구나. 다리 저는 것 봤지? 음, 접골 수술을 잘못 받은 환자한테서 나타나는 전형적인 형태지. 물론 그런 다리로도 오랫동안 정원에서 일을 하고 자전거 페달을 밟아 마을에 내려와서는 장을 보거나 율리시스 무어 씨에게 마을 소식을 전해 주기도 했지만 말이다. 어쨌든 다른 사람들은 아무도 그 집에 가지 않았으니까."

"선생님은 빌라 아르고에 한 번도 가 보지 않으셨어요?"

"아, 가끔 갔지만 안에 들어가 본 적은 없다. 에드나가 트레킹에 한창 빠져 있을 때였는데, 너희도 알지, 산책 같은 그거. 우리는 절벽을 따라 자주 걸었는데 가끔 빌라 아르고의 대문이 열려 있을 때가 있었어. 그러면 우리는 네스터 씨와 날씨 이야기나 빙카 꽃을 언제 심는 게 좋은지, 뭐 그런 이야기를 몇 마디 나누었어. 율리시스 무어 부부가 개인 해변으로 내려가는 게 보일 때는 내가 멀리서 인사를 하기도 했지."

"율리시스 무어 부부는 어떤 사람들이었나요?"

릭이 물었다.

"몹시 폐쇄적인 사람들이었지만, 둘은 굉장히 사이가 좋았어. 네스터 씨가 장을 보러 시내로 내려오지 않았다면 아무도 살지 않는다고 해도 될 정도였어."

이런 말을 듣는 동안 제이슨은 갑자기 목이 말랐다. 면 가운을 입은 채 불편하게 움직이며 나무 마루 위로 슬리퍼를 소리 없이 밀었다.

닥터 보웬이 율리시스 무어 부부의 극단적인 폐쇄성을 보여 주는 예를 몇 가지 더 이야기하는 동안 제이슨은 주위를 둘러보며, 의자에 푹 파묻혀 앉아 있는 이 온화한 의사와 자기들이 푼트에서 찾았던 신비한 지도를 만든 사람을 연관시킬 만한 흔적을 찾아보려 했다. 하지만 어디를 보아도 액자에 넣은 코바늘 뜨개 작품밖에는 보이지 않았다.

"사실은 일요일인데도 이렇게 선생님을 찾아와 귀찮게 하는 데는 다른 이유가 있습니다."

겉도는 이야기만 한참 나누다가 마침내 제이슨이 털어놓았다.

"그래?"

"토스 보웬이라는 이름을 들어 보신 적 있나요?"

"토스 보웬?"

닥터 보웬이 잠시 생각에 잠겼다. 그러다가 대답했다.

"그래, 우리 선조 중에 그런 이름을 가진 분이 있지."

아이들은 확신에 찬 눈길을 주고받았다.

"별난 분이셨다. 지도 제작자였어."

"바로 그분이에요!"

제이슨이 참지 못하고 자리에서 벌떡 일어서며 소리쳤다.

"이 집이 그분 집인데…… 그런데 너희가 우리 선조를 어떻게 알고 있는 거냐?"

"혹시 선생님께서 그분의 작품…… 그러니까 지도 같은 걸 가지고 계시지 않나요?"

제이슨이 대담하게 물었다. 곧바로 닥터 보웬이 대답했다.

"오, 없어. 전혀 없어. 우리가 이곳으로 이사 왔을 때 에드나는 먼지와 벌레와 이상한 동물들이 우글거리는 집에 살고 싶어 하지 않았다."

"그렇지만…… 이게 토스 보웬 씨의 집이었다면……."

"물론 그랬지. 그렇지만 그분이 이 집에 살았던 건 아주 오래 전이야. 내 말 잘 들어라, 얘들아. 이 집이 지어진 건 나폴레옹 보나파르트 시절이었어. 나폴레옹 말이다! 이제는 역사책에나 등장하는 인물이지. 나하고 에드나는 이곳으로 이사 와서 예전에 있던 그 오두막 같은 집을 없애 버리고 현대적인 안락함을 갖춘 이 저택을 지었다. 킬모어 코브에서도 위성 텔레비전을 볼 수 있게 했으니, 안락한 시설을 거의 다 갖춘 셈이지."

제이슨은 소파에 털썩 주저앉았다. 면 가운이 펄럭이는 소리가 났다.

"이 집에 토스 보웬 씨의 것은 아무것도 없다는 말씀인가요?"

"천만다행으로 그렇단다! 먼지가 수북한 종이 쪼가리들이 100킬로그램도 넘었지. 큰 가방, 낡은 옷, 온갖 흉측한 물건도 있었어. 에드나는 장갑을 끼고도 그런 물건들에 손대기 싫어했다. 하지만 결국은 우리가 깨끗이 치워 버렸어."

"아아!"

쿠션에 파묻혀 있던 제이슨이 신음 소리를 냈다.

"믿을 수가 없어요! 저 지금 기절할 것 같아요!"

닥터 보웬은 냉철한 눈으로 제이슨의 말이 단순히 감상적이고 과장된 행동이라고 판단했다.

"네 친구가 왜 저러는 건지 말해 줄래?"

"설명하기가 조금 복잡한데…… 우리는 선생님의 선조께서 그린 지도에 관해 알고 싶었어요."

줄리아가 용기 있게 말했다.

"킬모어 코브의 지도요."

릭이 덧붙여 말했다. 그러자 의사가 크게 외쳤다.

"아, 부엌에 걸려 있던 그 지도!"

제이슨이 갑자기 눈을 번쩍 떴다.

"부엌이요?"

닥터 보웬은 의자에서 일어나 아이들을 데리고 부엌으로 갔다. 부엌은 카탈로그에 나오는 사진처럼 반짝반짝 윤이 나고 먼지 하나 없었다. 그곳에 어울리지 않는 유일한 것은 킬모어 코브 해변을 그린 수채화였다. 우아한 금빛 액자에 담긴 그 그림은 식탁 위에 걸려 있었다.

"저기, 저 그림이 있는 자리에 걸려 있었지. 그 지도가 또렷이 생각나는구나. 킬모어 코브 해안과 오래된 집들을 위에서 내려다본 지도였어."

닥터 보웬이 설명했다.

'그 지도가 틀림없어.'

제이슨은 이렇게 생각했다. 심장이 쿵 내려앉는 것 같았다.

"그럼 그 지도는 어떻게 했나요?"

"아, 오래된 이야기야. 이제는 잘 기억나지도 않는구나."

"제발 부탁드려요. 저희에겐 중요한 일이 될 수도 있어요."

바로 그때 보웬 부인이 부엌으로 들어왔다.

"자전거 꺼내 놨어요. 밖에 있어요."

보웬 부인은 언짢은 목소리로 말하고는 화가 난 듯 비누칠을 하며 손을 씻었다.

"에드나, 마침 잘 들어왔소. 부엌에 걸려 있던 지도를 어떻게 했는지 기억나오?"

"그 뭐가 뭔지 모를 낡은 그림요? 물론 기억나죠! 몇 년 전에 등대지기에게 선물했잖아요. 아니, 정확히 말하면 페넬로페 무어 부인에게요!"

"아, 맞아! 상어에게 물린 그 사건! 바보같이 완전히 잊어버리고 있었군그래."

세 아이는 간절하게 보웬 부부의 입술만 쳐다보았다.

"대충 그렇게 됐지. 너희, 등대지기를 아니?"

"애들은 몰라요. 킬모어 코브에 온 지 얼마 안 됐거든요. 저는 알아요. 레오나르도 미나소 씨죠."

릭이 대답했다.

"그래서 내가 알아보지 못한 거구나."

보웬 부인이 중얼거렸다. 그러다가 갑자기 무슨 생각이 떠오른 듯 이렇게 물었다.

"너희가 런던에서 온 쌍둥이니?"

"맞아요."

줄리아가 대답했다.

"로저, 이번에 빌라 아르고를 산 부부의 아이들이에요. 그웬달린이 어제 내 머리를 해 주러 왔을 때 말해 줬어요."

"이 마을 일에 대해 궁금한 게 있으면 미용사 그웬달린에게 가서 물어봐라!"

농담처럼 닥터 보웬이 말했다. 그리고 줄리아와 제이슨에게 빌라 아르고 칭찬을 늘어놓았다. 아이들은 웃음으로 대답한 뒤 더 중요한 문제로 다시 돌아왔다.

"아까 등대지기에 대해서 말씀하셨는데요……."

보웬 부인이 수건으로 손을 닦은 뒤 계속 말했다.

"등대지기가 상어에게 물려 팔을 크게 다쳤어."

"사실은 한쪽 눈이지."

닥터 보웬이 정정했다.

"그날은 일요일이었지만 남편이 그 사람을 치료해 주었어."

"다른 한쪽 눈마저 잃을 뻔했단다! 완전히 피투성이가 되어 있었어. 무어 부인이 직접 그를 이리로 데려왔지. 사이드카를 타고 절벽에서 내려와서는 내게 자초지종을 이야기했어. 뭐라고 했더라? 아, 그래, 바닷가에서 등대지기를 발견했다고 했어. 굉장히 어려운 수술이었지만 한쪽 눈은 지킬 수 있었어. 그리고 내가 할 수 있는 대로 뺨을 꿰매 주었지. 얼굴이 보기 흉해졌지만 그래도 목숨은 구한 거야."

"이이는 치료비도 받지 않았어. 마음이 아주 너그럽다니까."

보웬 부인은 이렇게 말하면서 정원의 난쟁이 상 옆에 세워 놓은 분홍색 자전거를 바라보았다.

"그렇지만 율리시스 무어 부부는 굉장히 친절한 사람들이었어. 그다음 주에 사이드카를 타고 다시 찾아왔지. 율리시스 무어 씨는 밖에 있었어. 하얀 목도리로 코까지 가리고 우스꽝스러운 오토바이 모자를 쓰고 있어서 마치 제2차 세계 대전에서 싸우다가 온 사람 같았지. 집 안으로 들어온 건 페넬로페 부인이었는데 부인이 지금 너희가 보고 있는 저 그림을 주었어. 우리는 그림 걸 곳을 정하지 못하고 망설였단다."

보웬 부인이 덧붙여서 설명했다.

"보기 흉한 그림은 걸어 두면 먼지만 쌓여. 좋은 그림은 그림 도둑을 불러들여서 집 안을 엉망으로 만들 뿐이고. 예전에 우리 어머니가 그런 일을 당하셨거든."

그러고 나서 보웬 부인은 한숨을 내쉬었다.

"하지만 저 그림은 어쩔 수 없이 걸어 놔야 했어. 무어 부인이 직접 그린 그림이니까."

줄리아는 그 말에 깜짝 놀라 킬모어 코브 해변을 그린 수채화를 자세히 들여다보았다.

"페넬로페 무어 부인이 직접 그렸단 말씀이세요?"

"아, 그렇단다. 나쁘지 않지, 안 그러니?"

닥터 보웬은 서글픈 눈으로 그림을 보았다.

"무척 좋은 사람이었는데……. 그리고 부부가 그렇게 서로 사랑했는데! 정말 안타까운 일이야!"

"그런데 지도는요?"

제이슨이 다시 물었다.

"아, 지도! 지도는 우리가 저 그림에 대한 답례로 무어 부인에게 선물했단다. 그렇게 해서 둘 중 하나는 처분을 한 거지."

보웬 부인이 솔직하게 말했다.

아이들은 놀라서 입을 딱 벌린 채 서로의 얼굴을 보았다.

"하지만 즉흥적으로 선물한 건 아니었어. 남편이 등대지기를 수술하는 동안 무어 부인이 부엌에서 기다리다가 지도를 보았어. 그리고 내게 이것저것 꼬치꼬치 물었어. 지도에 관심이 있어 보였어. 그래서 저 그림을 선물하러 왔을 때 그 기회를 이용해 지도를 준 거지."

"무어 부인이 우리 집에 뭔가를 선물했으니 그 답례로 선물한 거야."

닥터 보웬이 말했다.

제이슨은 고개를 저었다. 이해가 되지 않았다. 그 지도, 페넬로페 무어, 그리고 오블리비아 뉴턴 사이의 관계를 전혀 짐작할 수 없었다.

"단순한 킬모어 코브 지도 한 장에 왜들 그렇게 관심을 가진 걸까?"

제이슨은 깊은 생각에 빠져 중얼거렸다.

"나도 항상 그 점이 의문이었다."

닥터 보웬이 말했다.

"언젠가 그 부인도 우리에게 말했지. 그…… 이름이 뭐였지, 여보?"

"그웬달린이 미스 프레치시니라고 했어요! 대단한 부자였지요. 아픈 데는 없었어요, 분명해요. 그렇지만……."

보웬 부인이 당황하며 말했다.

"오블리비아 뉴턴이었나요?"

줄리아가 물었다.

"그 여자를 아니?"

"오블리비아 뉴턴이 여기 왔었나요? 언제요?"

보웬 부인은 냉장고 위에 걸어 둔 달력의 날짜를 짚어 보았다.

"그러니까…… 한 달 전이었던 것 같구나."

"분명 그 여자도 두 분에게 지도에 대해 물었을 것 같은데요."

"물론이지."

"그 지도가 그렇게 중요한 거라면 그냥 가지고 있을 걸 그랬어. 엄청나게 값이 나가는 것 같던데."

보웬 부인이 말했다.

"뉴턴 양이 그런 지도는 하나밖에 없다고 했어. 영국을 다 뒤져도 그것 말고는 킬모어 코브의 지도를 찾을 수 없다고. 심지어 런던에서도 구할 수 없었대. 100만 파운드를 줘도 말이다! 그렇지만 농담이 분명했어."

닥터 보웬이 말했다. 제이슨은 생각에 잠겨 중얼거렸다.

"어쩌면 아닐지도 모르지요……."

제이슨은 목욕 가운 주머니에 손을 넣었다. 머리를 마는 데 쓰는 컬 클립이 손에 잡혔다.

"오블리비아 뉴턴이 어디 사는지 아세요?"

그때까지 별다른 말이 없던 릭이 물었다.

"나한테 물었니?"

보웬 부인이 말했다.

"오, 아니다. 모른다. 그렇지만 마을의 그웬달린에게 가서 물어보면 알 거야. 그웬달린이 그 여자 머리를 해 주러 정기적으로 그 집에 가니까."

"그럼 오블리비아 뉴턴이 킬모어 코브에 사나요?"

"그런 건 아니야. 하지만 그리 멀지 않은 곳에 사는 것 같던데. 안 그래요, 여보?"

"그럴 거요."

닥터 보웬은 선량하게 웃으며 말했다. 닥터 보웬은 아까 읽던 잡지로 다시 돌아가고 싶은 것 같았다.

"게다가 킬모어 코브에 살고 있는지 아닌지 어떻게 알 수 있겠니? 너희는 '여기부터 킬모어 코브가 시작됩니다.'라고 적힌 도로 표지판 같은 거 본 적 있니?"

"없어요. 정말 없어요."

릭이 당황하며 대답했다.

"맞아. 도로 표지판이 없어. 하지만 불평해 봤자 소용없어. 마을에 길이 생긴 지 너무 오래되었으니."

"그웬달린을 만나려면 어디로 가야 하나요?"

제이슨이 물었다.

"내가 알아."

릭이 대답했다.

"마을에 일류 헤어스타일이라는 미용실이 있어. 일요일에도 문을 열지."

보웬 부인이 자기 머리를 우아하게 흔들며 끼어들었다.

"그림 좀 가까이에서 봐도 될까요?"

대화가 끝나자 줄리아가 물었다.

"물론이지!"

릭과 제이슨이 보웬 부부와 계속 이야기를 나누는 동안 줄리아는 페넬로페 무어가 그린 수채화에 가까이 다가갔다. 옛 주인의 아내는 연하고 부드러운 색으로 킬모어 코브 해변을 그렸는데 색깔들이 서로 완벽하게 어울렸다. 바다는 짙푸른 색으로 잔물결이 일었다. 수평선은 하늘과 하나가 되어 있었다. 작은 갈매

기들은 하얀 쉼표 같았고 집들은 파란색, 분홍색, 노란색 점들로 그려져 있어 마치 꽃 같았다. 그림에서는 마치 이상한 향기가 뿜어져 나오는 것 같았다. 줄리아는 손으로 그림을 만져 볼 수 있을 만큼 가까이 다가갔다. 놀라웠다.

오랫동안 그림을 바라보다가 조금 비스듬하게 적힌 P. S.라는 서명에 눈길이 머물렀다.

"P. S.가 뭐예요?"

줄리아가 큰 소리로 물었다. 보웬 부인이 금방 대답했다.

"페넬로페 사우리의 약자란다. 페넬로페 무어 부인이 율리시스 무어와 결혼하기 전의 이름이지. 무어 부인은 이탈리아 사람이었어."

줄리아는 여전히 그림에 빠진 채 고개를 끄덕였다.

"돌이 봬도 돼요?"

갑자기 어떤 번개 같은 직감이 스친 듯 줄리아가 물었다.

줄리아는 천천히 벽에서 그림을 들어 올렸다. 줄리아는 액자 뒤쪽을 더듬었다. 심장이 터질 것 같았다. 거기에는 작은 물건이 테이프로 단단하게 붙어 있었다. 줄리아는 아주 조심스럽게 그것을 떼어 냈다.

릭과 제이슨이 다가왔다.

"뭐 찾아냈어?"

줄리아가 기계 부속품 같은 것을 손에서 돌려 보았다. 볼트 같기도 하고 또……

"이게 뭐지?"

보웬 부인이 물었다. 그리고 싱크대 서랍에서 행주를 꺼내 액자 뒤를 닦았다.

물건의 받침대는 초록 벨벳이었다. 높이는 손가락 길이 반 정도 되었고, 가느다랬고, 위에 왕관 같은 것이 달려 있었다.

"내 생각에는 체스의 말 같아."

릭이 그 물건을 자세히 살펴보다가 말했다.

"그런 것 같아. 기계 부품으로 만든 말. 내가 보기엔 여왕 같아. 체스 게임의 여왕."

제이슨도 동의했다. 그리고 생각에 잠겨 코를 긁었다.

"페넬로페 무어 부인이 등대지기를 치료해 준 데 대한 감사의 표시로 선물한 그림 뒤에 숨겨진 체스의 여왕이라, 음……."

"이제 우리가 가야 할 곳은 어디지?"

릭이 물었다.

"한 곳밖에 없어. 마을이지."

세 아이는 보웬 부부에게 자전거를 빌려 정원을 나왔다.

제 7 장
새로운 문

그웬달린의 미용실

"빨리 달려. 그러면 아무도 널 쳐다보지 않을 거야."
줄리아가 동생에게 소리쳤다.

제이슨은 숨을 몰아쉬며 페달을 한 번 밟았다. 그러자 새 자전거가 딸랑딸랑 종소리를 냈다. 자전거는 보웬 집안의 스타일에 맞게 완벽하게 정비되어 있었다. 예쁜 진분홍색 자전거는 손잡이가 나비 모양이었고 요란한 작은 종들이 페달에 달려 있었다.

킬모어 코브의 건물들이 나타나기 시작하자 제이슨은 곧 자전거에서 내렸다.

"이제 거의 다 온 것 같아. 난 걸어서 갈게!"
제이슨이 결심을 한 듯 말했다. 그런 동생을 보고 줄리아는 웃음을 터뜨렸다.

"이건 웃을 일이 아니야! 난 이런 자전거를 타고 사람들 앞에 나서기 싫어! 왜 누나가 타지 않는 거야? 이건 여자 거잖아!"

"자전거를 망가뜨린 건 너야. 그러니까 닥터 보웬네 자전거는 네가 타야지. 안 그래, 릭?"

릭이 키득거렸다. 그리고 줄리아의 말이 옳다고 거들었기 때문에 릭은 제이슨이 작성한 배신자 친구 명단에 평생 올라 있게 되었다.

세 아이는 갑판에 앉아 잡담을 나누며 쉬고 있는 어부들 앞을 지나갔다. 제이슨은 분홍색 자전거를 무심한 척 밀면서 당당하게 그 앞을 지났지만 뒤에서 웃음소리가 들렸다. 제이슨은 그 웃음소리가 자기를 향한 것이라는 생각을 하지 않을 수 없었다.

릭의 안내를 받아 제이슨과 줄리아는 바다를 등지고 마을 한가운데를 지나는 좁은 길로 접어들었다. 길은 돌로 포장되어 있었다. 옆에 늘어선 하얀 집들에는 파란색과 노란색 나무판자로 장식한 창문과 작은 테라스가 달려 있었다. 테라스에는 향기로운 꽃들이 활짝 피어 있었다.

세 아이는 맛있는 냄새를 풍기는 빵집과 과일 가게를 지나갔다. 과일 가게 여주인은 밖에 나와 햇빛을 즐기고 있었다. 과일 가게 여주인이 릭과 릭의 여자 친구, 그리고 우스꽝스러운 분홍색 자전거를 탄 소년에게 다정하게 인사를 건넸다.

윌리엄 5세(William V)의 기마상이 있는 곳에 이르자 길은 두 갈래로 갈라졌다. 기마상은 말을 타고 바다를 향해 행군하던 왕, 윌리엄 5세를 조각한 위풍당당한 기념비였다. 제이슨과 줄리아는 이 기마상을 처음 보았지만 이상하게 친근한 느낌이 들었다. 둘은 곧바로 기마상에 매혹되었다.

릭은 기마상을 보고 있는 두 아이를 지나 조그만 광장에서 걸음을 멈추었다. 광장에는 작은 술집 탁자들이 나와 있었다. 위치를 확인한 릭은 다시 자전거를 몰았다.

"다 왔어. 여기가 그웬달린 메인오프의 미용실이야."

릭이 간판이 두 개 달린 가게 앞에 멈춰 서며 말했다.

간판 하나에는 이렇게 적혀 있었다. 일류 헤어스타일. 또 다른 간판에는 남성 전용 커트와 면도. 창문은 두 개였고 출입문도 두 개였는데 각각에 하나씩 간판이 달려 있었다.

"어느 쪽으로 들어가야 하지?"

릭이 물었다.

"내가 일류 헤어스타일로 들어가 볼게."

줄리아가 말했다. 줄리아는 자전거를 세워놓고 입구에 늘어진 플라스틱 발을 걷었다.

"그럼 내가 남성 전용 커트와 면도로 들어가 볼게."

릭이 말했다.

제이슨은 밖에서 자전거들을 지키기로 했다.

"어서 오세요!"

줄리아가 가게에 들어서자마자 그웬달린이 자리에서 벌떡 일어섰다.

"어서 와라. 어서 와."

그웬달린은 큰 눈에 밝은 미소를 짓는 아름다운 아가씨였다. 윤기 나는 탐스러운 검은 머리칼이 두 뺨을 부드럽게 감싸고 있었다.

"안녕하세요."

줄리아가 인사했다.

"앉아라."

미용사 그웬달린이 거울 앞의 자리를 가리켰다.

"미안하지만 여기서 잠깐만 기다릴래?"

그러고 그웬달린은 뒷문으로 나갔다.

"어서 오너라!"

그웬달린은 옆 가게의 릭에게 인사했다. 그리고 잠시 릭을 보며 생각에 잠겼다.

"너 혹시 배너 부인의 아들 아니니?"

"맞아요. 사실 저는……."

"그래, 네 어머니는 항상 너를 세상에 둘도 없는 보물이라고 말씀하셨지. 학교 공부도 굉장히 잘한다며! 여기 좀 앉아서 기다려 주겠니? 다른 쪽에 손님이 있어서."

그러자 릭이 서둘러 자기와 줄리아는 함께 왔다고 설명을 했다. 그 말에 그웬달린은 '새로운 어린 커플'이라는 제목으로 수다 목록에 이 정보를 등록했다.

"그렇구나. 그러면 날 따라와라!"

그웬달린은 일류 헤어스타일 쪽으로 릭을 안내했다.

미용실 쪽으로 건너간 뒤 릭이 물었다.

"왜 이렇게 가게를 둘로 나누었어요?"

그웬달린이 깔깔 웃었다.

"간단해. 여자들은 컬 클립 말고 있는 모습을 남자들에게 보여 주고 싶어 하지 않고 남자들은 미용실에서 면도를 하려 들지 않거든."

"맞아요!"

줄리아가 그웬달린의 말에 맞장구를 쳤다. 줄리아는 그웬달린을 보는 순간, 곧 호감을 느끼게 되었다.

"둘 중 누가 먼저 할래?"

그웬달린이 빗과 가위를 들고 물었다.

"사실 저희는……."

갑자기 그웬달린이 발을 두어 번 굴렀다. 그러더니 자신의 어린 손님을 유심히 살펴보며 물었다.

"잠깐만, 너…… 너 혹시 런던에서 온 쌍둥이 아니니?"

"줄리아 커버넌트예요. 만나서 반가워요."

그웬달린은 줄리아와 악수를 하면서 릭을 의미심장한 눈으로 쳐다보았다. 꼭 '얘, 너 대단하다!'라고 말하는 것 같았다.

"나머지 쌍둥이는?"

"밖에 있어요."

그웬달린이 출입문의 발을 들어 올리고 제이슨에게 들어오라고 했다. 미용실에 얼굴이라도 들이밀어야 하는 게 아닌지 망설이고 있던 제이슨은 아름다운 미용사를 보자마자 스프링처럼 달려왔다.

"여기는 전부 다 아름다운데……."

제이슨이 가게로 들어서면서 릭에게 속삭였다.

하지만 다음 순간 제이슨은 의자에 앉혀졌고 목에 흰 수건이 둘러졌다. 그러더니 머리카락 사이에서 그웬달린 메인오프의 가위가 춤을 추었다.

"오블리비아 뉴턴?"

잠시 후 미용사는 줄리아에게 받은 이발료를 금고에 넣으면서 말했다.

"물론 잘 알지, 내 단골인데."

"우아! 우아!"

제이슨은 거울 앞에서 으스대며 이렇게 감탄사를 연발했다. 젤로 뒤범벅된 머리카락들이 우스운 조각품처럼 하늘로 뻗어 있었다.

"그럼 어디 사는지 알려 주실 수 있어요?"

"그럼."

그웬달린이 가게에서 나오면서 말했다.

"걸어갈 거니, 아니면……."

"자전거로 갈 거예요."

"그게 좋을 거야. 조금 멀거든. 부두를 지나서 해안 도로로 나가야 해. 아니면 이쪽으로 올라가서 칼립소 책방에서 돌든지."

"해안 도로로 가는 게 좋겠어요! 칼립소 부인을 만나지 않는 게 좋을 것 같아요."

릭이 황급히 말했다. 어제 우체국 문을 열고 칼립소 부인에게 했던 약속이 생각났기 때문이다.

"칼립소 부인처럼 착한 사람을 왜 피하려는 거니?"

그웬달린이 호기심을 보였다.

"일주일 안에 책 세 권을 읽기로 했는데 아직 책을 펼쳐 보지도 않았거든요."

"그렇다면 기마상이 있는 광장으로 돌아가라. 해안 도로가 나올 때까지 직진해. 해안 도로가 나오면 오른쪽으로 가거라. 아주 쉬워. 항상 바다를 왼쪽으로 끼고 달리기만 하면 돼. 마을을 벗어나 2킬로미터쯤 달리면 '아울 클록(Owl Clock)'이라는 비포장도로를 지나게 될 거야. 거기서 다시 4, 5킬로미터를 더 가야 해. 그러면 아주 이상하게 생긴 나무들이 서 있는 숲이 나올 거야. 그 나무들 이름이 뭐였는지 기억이 안 나는데, 오블리비아 뉴턴 말로는 자기가 외국 어딘가에서 들여온 거라고 했어. 집은 아주 아름답고 현대적이야. 전부 보라색인데 꼭 케이크를 엎어 놓은 것같이 생겼어. 틀림없이 찾을 수 있을 거야."

세 아이는 감사의 인사를 하고 자전거에 올라탔다. 제이슨은 새로 한 머리 때문에 기분이 들떠서 조금 전까지 분홍색 자전거 때문에 투덜거렸던 것을 완전히 잊어버린 채, 쉴 새 없이 딸랑딸랑 소리를 내며 로켓처럼 달렸다.

그웬달린은 멀어져 가는 아이들을 바라보다가 다시 가게로 들어갔다. 그리고 거울 앞에 앉아 1000여 쪽에 이르는 〈부덴브로크가의 사람들〉(독일 작가 토마스 만(1875~1955)의 장편 소설: 옮긴이)을 다시 읽기 시작했다.

릭과 제이슨, 줄리아는 윌리엄 5세의 기마상을 지나 오른쪽 길로 달려갔다. 길 양쪽에 늘어선 집들의 지붕이 맞닿을 정도로 좁은 길이었다. 세 아이가 돌로 지은 오래된 집 사이에 난 빈 터에 이르렀을 때 잠옷을 입은 한 부인이 길 가운데에 서서 자전거를 멈추라고 손짓했다.

"천천히 달려라! 마르쿠스 아우렐리우스가 놀랄지도 몰라!"
부인이 외쳤다.
"비글스 부인!"
그 부인을 금방 알아본 릭이 자전거에서 내렸다.

"무슨 일 있으세요?"

클레오파트라 비글스 부인은 헝클어진 머리에 잠옷을 입고 슬리퍼를 신은 채 정신없이 주위를 살피며 길거리를 이리저리 오가고 있었다. 릭이 부인에게 다가갔지만, 그녀는 릭을 제대로 알아보지 못했다.

"마르쿠스 아우렐리우스가 집을 나갔어!"

비글스 부인은 두 손으로 얼굴을 가리고 신음했다.

"대체 저 부인은 어디서 튀어나온 거지?"

제이슨이 말했다.

비글스 부인이 어떻게 된 영문인지 설명을 해 보려고 수없이 시도를 했지만 실패했다. 그러자 부인은 손으로 아이들에게 길 건너편, 가로등 꼭대기에 웅크리고 앉아 있는 고양이 한 마리를 가리켰다.

"마르쿠스 아우렐리우스가 저기서 집에 들어올 생각을 안 해! 겁에 질려 있어!"

"걱정 마세요, 부인. 저희가 알아서 할게요. 금방 고양이를 집에 데려다 놓을게요."

릭이 부인을 도와주겠다고 자청했다. 하지만 이렇게 다시 지체가 되자 제이슨은 화가 났다.

"이젠 정말 오블리비아 뉴턴 집에 가야 한다고!"

그 이름을 들은 비글스 부인이 아까보다 더 당황한 눈으로 휙 돌아섰다.

"오블리비아 뉴턴이라고? 그렇다면 빨리 가거라!"

"오블리비아 뉴턴을 아세요?"

호기심이 생긴 줄리아가 물었다.

"알다 뿐이냐! 잘 알지, 아주 잘 알아."

비글스 부인이 신음하듯 말하고는 두 손으로 귀를 막더니 집 쪽으로 달려갔다. 오래된 집 문 앞에 도착한 비글스 부인은 다시 아이들 쪽으로 돌아서며 소리쳤다.

"마르쿠스 아우렐리우스하고 내 사랑스러운 고양이들이 이렇게 놀란 게 다 그 여자 때문이야! 그 여자하고 빗물을 뚝뚝 흘리던 시커먼 남자 때문이라고!"

비글스 부인은 문을 활짝 열었다. 거기서 열두 마리쯤 되는 고양이들이 야옹거리며 나왔다. 고양이들은 몸을 질질 끌듯 다가와서 부인의 잠옷 자락 끝을 발톱으로 잡았다.

"착하지, 착하지! 마르쿠스 아우렐리우스는 곧 돌아올 거야!"

비글스 부인은 고양이들을 한 마리씩 쓰다듬어 주었다.

"말은 쉬웠는데……."

릭이 가로등 밑에서 한숨을 내쉬었다.

고양이는 가로등 꼭대기의 휘어진 부분에 웅크리고 앉아 아무

것에도 관심 없다는 듯 릭을 내려다보았다. 어떤 달콤한 말을 늘어놓아도, 무섭게 명령을 해도 고양이는 꼼짝하지 않았다. 릭이 목숨을 걸고 가로등 위로 기어 올라갈 때에도 자세 하나 흐트러지지 않았다.

마침내 제이슨은 인내심을 잃고 말았다. 클레오파트라 비글스 부인이 카이사르와 안토니우스에게 위로의 말을 속삭이고 릭과 줄리아가 마르쿠스 아우렐리우스를 설득해 내려오게 하려고 애쓰고 있을 때 제이슨은 가로등을 발로 뻥 차 버렸다.

갑작스러운 소리에 놀란 마르쿠스 아우렐리우스는 앞으로 기우뚱하더니 숨을 헐떡이며 땅으로 떨어지고 말았다. 고양이는 쏜살같이 집으로 달려가 비글스 부인의 다리 사이를 지나 집 안으로 사라졌다.

"마르쿠스 아우렐리우스! 돌아왔구나!"
비글스 부인이 기뻐 소리쳤다.
"이제 됐지?"
제이슨이 말했다.

비글스 부인은 아이들에게 과자로 보답하고 싶으니 집으로 들어오라고 자꾸만 권했다. 세 아이는 괜찮다고 여러 번 사양했지만 부인은 요지부동이었다.

"들어와라! 자, 부엌으로 가자! 맛있는 과자가 있어."

비글스 부인은 아이들에게 길을 내주며 말했다. 줄리아가 맨 먼저 부인의 뒤를 따라갔다. 오블리비아 뉴턴과 고양이의 가출이 무슨 관계가 있는지 궁금해서였다. 누군가가 정중하게 뭘 하라고 권하면 결코 거절하지 못하는 릭이 그 뒤를 따랐다. 그리고 맨 뒤에서 제이슨이 요란할 정도로 씩씩거리며 걸음을 옮겼다. 그러다가 생각해 보니 이제 점심시간도 다 된 것 같았다. 앞으로 한참 동안 자전거를 몰아야 할 테니 그 전에 뭔가를 좀 먹어 두는 것도 괜찮을 것 같았다.

아이들은 현관문에서 가까운 거실을 지나 부엌으로 난 복도를 걸었다. 복도의 중간쯤에서 제이슨은 발밑에 모래 알갱이가 밟히는 것을 알아차렸다. 처음에는 그다지 신경을 쓰지 않았다. 그러다가 그 모래가 어디서 나온 건지 보려고 뒤를 돌아보았다.

'세상에.'

제이슨은 젤로 뒤덮인 머리를 만지며 생각에 잠겼다.

"여기 있다! 버터 과자다!"

부엌에 도착한 비글스 부인이 꽃이 그려진 양철통을 열며 말하는 소리가 들렸다.

제이슨은 오던 길을 되돌아가 바닥을 얇게 덮은 모래들을 만져 보았다. 투명한 작은 알갱이들이 손에 달라붙었다. 거의 손에

쥘 수 없을 정도로 고운 모래였다. 빌라 아르고의 돌의 방에 있던 것과 똑같은 모래였다. 사막의 모래. 모래는 낡은 문의 문틀 밑에서 나온 것이었다.

'세상에, 빌라 아르고에 있는 시간의 문 같아.'
제이슨은 다시 머리를 만지며 생각했다. 그러다 크게 외쳤다.
"리이익! 줄리아아아!"

클레오파트라 비글스 부인의 집 복도에 있는 문은 오래된 나무 문으로 단단해 보였고 굳게 닫혀 있었다. 비글스 부인은 그 문을 열어 본 기억도, 문을 열 수 있는 열쇠를 가져 본 기억도 없었다. 그러나 그 문이 지하실로 연결된다는 것만은 확실히 기억하고 있었다. 가끔 문 밑에서 모래 바람이 불어오고 뜨거운 공기가 새어 나오는 것을 보면서 아주 이상한 지하실이 틀림없다고 생각하곤 했다.

비글스 부인은 지하실에 갈 일이 한 번도 없었다. 한동안은 가구로 문을 가리기도 했다. 그러나 고양이들이 발톱으로 가구를 할퀴었기 때문에 원래대로 돌려 놓을 수밖에 없었다.

문은 놀랄 만큼 빌라 아르고에 있는 시간의 문과 비슷했다. 특히 커다란 열쇠 구멍 왼쪽에 박힌 낡은 못은 시간의 문의 열쇠 구멍에 박힌 못과 매우 비슷했다.

릭과 줄리아는 그 문을 보자마자 숨이 멎을 것만 같았다.

"비글스 부인, 어제 무슨 일이 있었는지 말씀해 주실 수 있습니까?"

릭이 정중하게 물었다.

비글스 부인은 한밤중에 오블리비아 뉴턴과 빗물을 뚝뚝 흘리던 검은 남자가 방문한 이야기를 약간 혼란스럽게 들려주었다.

"그 남자는 만프레드야."

줄리아가 직감적으로 말했다.

오블리비아 뉴턴은 별다른 인사도 없이 혼잣말을 중얼거리며 곧장 그 문 쪽으로 간 것 같았다. 비글스 부인은 너무 놀라서 오블리비아 뉴턴이 무슨 말을 했는지 잘 기억하지 못했다. 무서운 폭풍이 몰아쳤고 고양이는 흥분했다. 그다음 일은 아무것도 기억이 나지 않았다. 비글스 부인은 대낮이 되어서야 잠에서 깼다. 고양이들은 모두 미친 것 같았고 마르쿠스 아우렐리우스는 가로등 위에 올라가 버렸다. 집으로 다시 들어올 생각만 해도 겁이 나는 것처럼 말이다.

"누군가가 거실 장식장도 열어 봤더구나! 다행히 훔쳐 간 건 없지만."

비글스 부인이 투덜댔다.

"그런데 비글스 부인, 그런 한밤중에 왜 두 사람을 집에 들어

오게 한 거죠?"

줄리아가 물었다.

"글쎄, 오블리비아 뉴턴 양은 항상 그랬어. 전혀 예측할 수가 없어!"

"그럼 예전부터 그 여자를 알고 계셨어요?"

"물론. 난 별로 좋아하지 않았지만……. 적어도 난 그랬어."

"그럼 그 여자를 좋아한 사람이 있나요?"

"우리 언니지. 그 여자는 우리 언니가 아끼던 학생이었어."

비글스 부인이 털어놓았다.

"학생이요? 비글스 부인, 지금 무슨 말씀을 하시는 거예요?"

"치즈로 유명한 체다 시 초등학교 학생이었어!"

비글스 부인은 거실로 가서 액자에 든 낡은 사진을 가져왔다. 사진 속에는 두 소녀가 나란히 앉아 있었다.

"여기 이 어린아이가 나야. 그리고 이쪽은 우리 언니인 클리오고. 정확한 이름은 클리타임네스트라 비글스야. 언니는 우리 형제 중에서 가장 똑똑했어. 그래도 우리 부모님은 언니와 내가 똑같이 성공하기를 바라셨지. 클리오 언니는 독서광이었어. 우리 집에 있는 책들은 모두 언니한테 선물받은 거야. 언니는 세상 구경을 하고 싶어 했어. 그래서 킬모어 코브를 떠나 체다 시에 가서 교사 생활을 했지. 오블리비아 뉴턴은 아주 똑똑하고 장래가 유망한 학생이었다는구나. 언니가 체다 시에서 알게 되었지."

"그래서요?"

"오랜 세월이 흐른 뒤 언니는 킬모어 코브가 그리워졌어. 그래서 다시 집으로 돌아왔지. 몇 년 전에 언니는 체다 시에서 알던 한 소녀가 어른이 된 사진을 신문에서 보았단다. 그리고 그 아이가 크게 성공했다는 것을 알게 되었어. 클리오 언니는 굉장히 기뻐했지. 알겠니, 언니와 나는 굉장히 감상적인 편이었어. 아마 언니는 아끼던 제자가 성공한 데 자기도 한몫을 했을 거라고 생각했던 것 같아. 학교에서 그 아이를 가장 사랑했던 선생님이었으니까! 그래서 그 아이에게 작은 선물을 보냈지. 오블리비아 뉴턴은 그 선물에 대한 감사의 인사를 하러 찾아왔어. 예고도 없이 불쑥 나타났단다. 그때부터 지금까지, 그러니까 우리 언니가 저세상으로 가고 난 뒤에도 계속 불쑥불쑥 나타나는 거야."

비글스 부인이 줄리아와 릭에게 오블리비아 뉴턴에 대해 이야기하는 동안 제이슨은 꼼짝도 하지 않고 마치 최면에 걸린 듯 복도 한가운데에 있는 그 문만 뚫어지게 쳐다보고 있었다.

"또 다른 시간의 문……."

제이슨이 거칠거칠한 나무 문을 쓰다듬으면서 중얼거렸다. 심장이 미친 듯이 뛰고 있었다. 두 가지 감정이 묘하게 섞여 있었다. 한편으로는 이런 발견에 흥분이 되기도 했고 다른 한편으로는 자기 집의 것과 똑같은 문이 또 있다는 생각에 실망스럽기도 했다. 릭과 줄리아가 다가와서 오블리비아 뉴턴에 대한 정보를 알려 주었지만 귀에 들어오지 않았다.

"네 말은 이 문도 솔턴 클리프 절벽 밑에 있는 동굴로 통한다는 거야?"

줄리아가 동생에게 물었다.

"그런 것 같아."

"그렇다면 적어도 오블리비아 뉴턴이 어떻게 고대 이집트에 갈 수 있었는지는 설명이 되지."

릭이 중얼거렸다.

비글스 부인은 아이들을 사랑스러운 듯 바라보았다.

"오, 귀여운 아이들이야! 얼마나 상상력이 풍부한지!"

비글스 부인은 고개를 저으며 말했다. 그러고는 과자를 고양이들의 눈에 띄지 않는 곳에 갖다 놓으려고 자리를 떴다.

비글스 부인이 자리를 뜨자마자 줄리아가 주머니에서 시간의 문 열쇠를 꺼냈다.

"한번 해 볼까?"

네 열쇠 모두 구멍으로 들어가 헛돌기만 했다. 문은 꿈쩍도 하지 않았다.

"맞지 않아."

"이건 맞는 열쇠가 아닌 것 같아."

"오블리비아 뉴턴이 이 문 열쇠를 가지고 있을 것 같아."

느리기는 했지만 모든 게 앞뒤가 들어맞아 가기 시작했다.

"반드시 오블리비아 뉴턴을 찾아야 해. 지금쯤은 집에 돌아와 있을 거야!"

"그걸 어떻게 알아? 아직 이집트에 있을지도 몰라. 분명 뭔가를 찾고 있었다고 하지 않았어?"

줄리아가 끼어들었다.

"그래, 하지만 찾았잖아. 찾는 건 지도였어!"

"맞아. 지도를 찾았으니 지금은 이집트에서 무슨 음모를 꾸미고 있을지도 모르잖아."

릭이 고개를 끄덕였다.

"그럴 수도 있어. 충분히 가능하지 않아?"

하지만 제이슨은 그렇게 생각하는 것 같지 같았다.

"지도는 단 하나뿐인 최초의 킬모어 코브 지도야. 율리시스 무어 부부가 가지고 있다가 '금고'에 숨기려고 이집트로 가져갔어. 이제 분명해지지 않았어?"

"네 말대로라면……."

줄리아가 중얼거렸다.

"지도는 고대 이집트에서는 아무 소용이 없어. 지금, 여기서 필요한 거지."

제이슨은 이렇게 말하면서 나무 문을 가리켰다.

"저런 문이 벌써 두 개째야, 알겠어? 오래된 마을에 있는 오래된 문. 이건 분명 우연의 일치가 아니야."

제이슨은 그 밖에 머리에 떠오른 생각들을 더 이상 입 밖으로 꺼내지 않았다.

"그러니까 네 말은…… 이런 문이 또 있을 수 있다는 거니?"

"충분히 그럴 수 있지 않아?"

"그렇다면 지도가 의미가 있어지지."

릭이 제이슨의 말을 뒷받침했다.

"그리고 그 지도가 왜 그렇게 중요한지도 납득이 되지. 낡았다는 것도."

"난 모르겠어."

"지도가 그려진 시대를 기억하니?"

"18세기쯤이었어."

릭이 대답했다.

"오래된 마을, 오래된 문, 오래된 지도…… 옛 주인……."

제이슨이 미소를 지었다. 자기 머리에 떠오르는 생각 때문에 스스로도 놀란 듯했다.

"원이 완성되었어."

"얘들아, 차 한 잔 줄까?"

비글스 부인이 부엌에서 얼굴을 내밀며 물었다.

"아니면 고대 이집트에 관한 상상을 좀 더 펼쳐 볼래?"

조금 뒤 아이들은 비글스 부인의 집을 떠났다. 클레오파트라 비글스 부인이 웃으면서 계속 고집을 부렸지만, 부인을 설득해 지하실 문 앞에 서랍장을 갖다 놓았다. 더 이상은 문을 열 수 없을 것이다.

"이틀 정도면 돼요. 그다음에 저희가 다시 치워 놓을게요."

릭이 비글스 부인에게 부탁했다.

"이게 무슨 우스운 짓이냐!"

비글스 부인은 주인의 관심을 끌려고 경쟁하는 마르쿠스 아우렐리우스와 카이사르를 쓰다듬으며 깔깔거렸다.

"그리고 아무에게도 이 문 이야기를 하시면 안 돼요, 아셨죠?"

줄리아가 다시 한 번 부탁했다.

비글스 부인은 문 앞에서 아이들에게 인사를 한 뒤 부엌을 치우려고 들어갔다. 찻잔을 개수대에 넣었고 과자 상자는 다시 식탁 한가운데에 놓았다. 비글스 부인은 정리를 마치고 복도를 지나다가 서랍장 앞에서 잠시 걸음을 멈췄다. 문 앞에 이런 가구를 두는 게 내키지는 않았지만, 너무나 사랑스럽고 귀여운 아이들의 충고를 그냥 따르기로 했다. 그리고 사방에서 정신없이 튀어나오는 고양이들을 헤치고 2층으로 올라가면서 여자 아이와 빨간 머리 남자 아이가 비슷하게 생겼다는 생각을 했다.

"어쩌면 남매일지도 몰라. 그런데 배너 씨 부부에게 남매가 있었던가?"

비글스 부인은 목욕탕으로 들어가 덧창을 활짝 열었다. 그리고 욕조로 가서 그 안에 들어 있는 네로와 카라칼라를 밖으로 나오게 했다.

"어제도 목욕했잖아, 깔끔쟁이야! 너희 둘은 정말 물에 사는 고양이다, 응?"

눈을 들어 거울을 보던 비글스 부인은 얼굴을 찌푸렸다. 그리고 거울 테두리를 둘러싼 전등불을 켰다. 비글스 부인은 아무렇게나 머리를 빗어 보았다. 하지만 빗질을 할 때마다 빗은 가시덤불 같은 머리에 걸리고 말았다. 비글스 부인은 머리에 빗을 매단 채 옷을 갈아입으러 침실로 갔다.

비글스 부인은 평소와 달리 기분이 좋았다. 세 아이 덕분에 지난밤의 충격과 공포에서 벗어난 것 같았다. 아이들의 예의 바른 태도와 모험을 찾는 이상한 대화가 기분을 좋게 했다. 게다가 왠지 신비한 것 같은 느낌까지 들었다.

"부탁이에요. 아무에게도 말씀하지 말아 주세요!"

비글스 부인은 걱정스레 말하던 줄리아의 목소리를 흉내 냈다. 줄리아는 정말 사랑스러웠다. 그 아이를 보니 그만한 나이 때의 자신이 떠올랐다.

"바로 그거야! 그웬달린에게 가서 머리를 하는 거야."

비글스 부인은 옷을 입고 밖으로 나왔다. 하지만 비글스 부인이 막 집에서 나가려고 할 때 전화벨이 울렸다. 너무나 오랜만에 울리는 전화벨 소리에 비글스 부인은 기절할 듯 놀랐다. 전화기가 있는 곳도 겨우 찾을 정도였다.

"간다! 가!"

비글스 부인은 끊임없이 울리는 전화기를 보며 말했다.

"여보세요? 누구세요?"

오랫동안 이마를 찌푸리고 있던 비글스 부인의 입가에 함박웃음이 번졌다.

"아, 네스터 씨! 물론 기억하고말고요! 이렇게 전화를 하시다니 정말 반가워요! 아니요, 무슨 소리예요, 방해는 무슨……."

제 8 장
킬모어 코브를 등지고

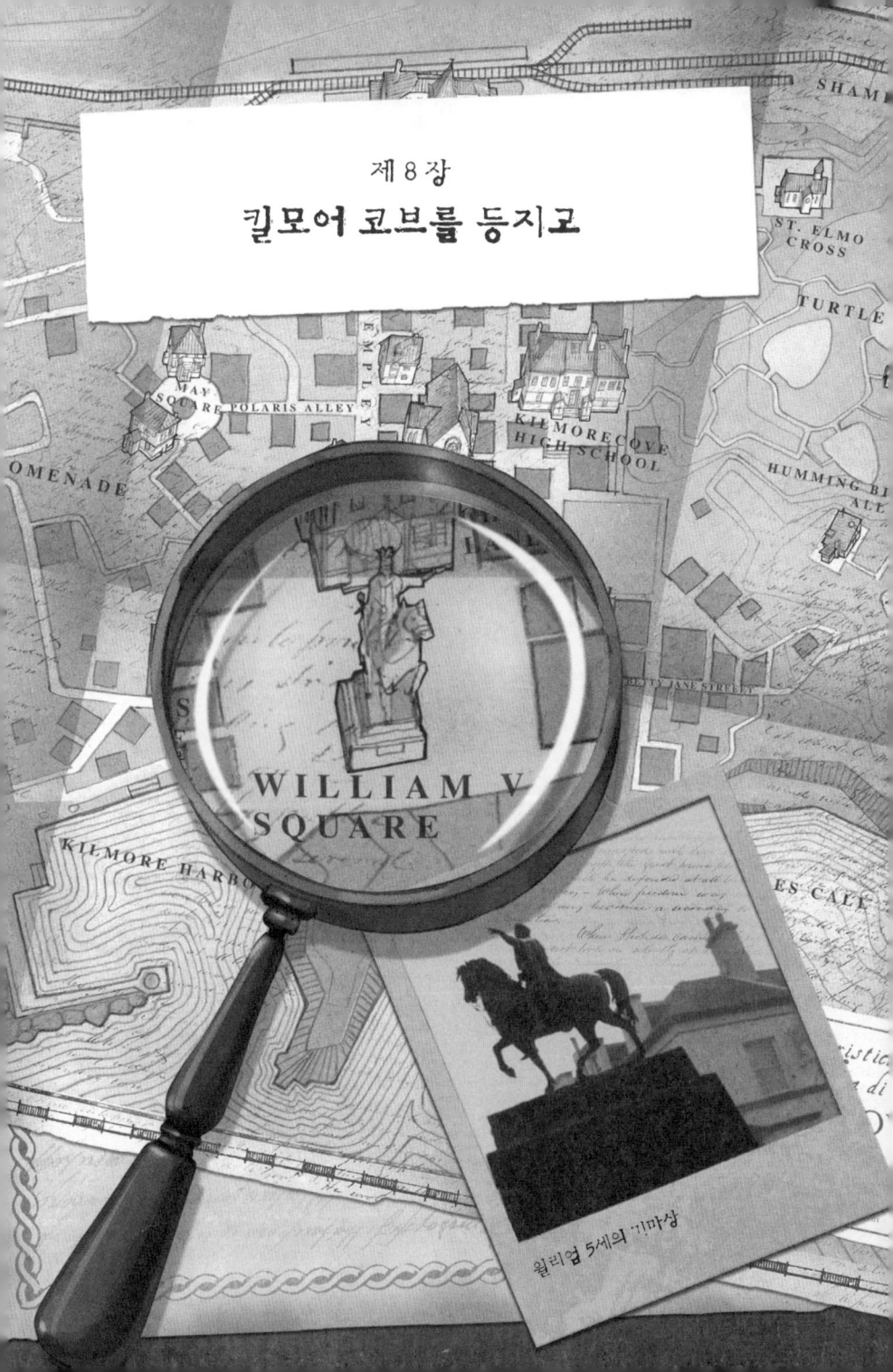

윌리엄 5세의 기마상

깨끗한 일기장처럼 하얀 태양이 하늘 높이 빛났다. 공기 중에는 풀 냄새와 바다 냄새가 섞여 있었다. 어느새 정오였다.

제이슨과 줄리아, 릭은 킬모어 코브에 단 하나 있는 넓은 해안 도로를 달렸다. 도로는 해변을 감싸며 솔턴 클리프 반대쪽으로 올라가고 있었다. 그 길은 아이들이 내려왔던 길보다 훨씬 경사가 완만했다.

세 아이는 나란히 자전거 페달을 밟았다. 머릿속이 너무 복잡했다. 아이들은 천천히 달리면서 방금 알아낸 정보에 대해 이야기를 나누고 싶었다.

한가운데에 있는 제이슨은 나비 손잡이 위로 몸을 구부렸다. 페달을 밟을 때마다 주머니에 들어 있는 여왕의 존재가 느껴졌다. 페넬로페 무어의 그림 뒤에서 찾아낸 체스의 여왕 말. 줄리아는 계속 이것저것 물어보며 페넬로페, 율리시스, 닥터 보웬, 등대지기, 그리고 오블리비아 뉴턴의 관계를 엮어 보려고 했다. 율리시스 무어를 추적하며 발견하는 정보의 조각들은 계속 뒤섞여서 매번 새로운 가능성을 생각하게 했다.

제이슨과 줄리아는 킬모어 코브에 이사 온 지 불과 며칠밖에 되지 않았는데도 오래전부터 이곳에서 산 것 같았다. 첫 번째 비밀 메시지를 해석하고, 제이슨이 확신하듯, 누군가가 세 아이를 위해 준비해 놓은 그 힘겨운 길로 여행을 떠났던 게 불과 24시간도 지나지 않았다. 하지만 이 일요일의 게임은 아주 복잡했다. 추적해야 할 흔적도, 해독해야 할 비밀 메시지도 없었다. 지도가 오블리비아 뉴턴의 손에 들어간 뒤부터 모든 단서가 갑자기 사라져 버렸다.

"두 번째 시간의 문…… 오블리비아 뉴턴은 그걸 알고 있었어. 그 문을 사용했으니까. 그런데 어째서 기를 쓰고 빌라 아르고에 들어가려고 했던 걸까?"

릭이 말했다.

"간단해. 전부 다 시험해 보고 싶었을 거야!"

줄리아는 모르는 게 없는 것 같은 목소리로 말했다.

"여자들이 한 가지 생각에 집착하면 어떻게 되는지 너희도 알아야 해."

릭이 희미하게 웃었다. 그러다가 다시 진지해져서 생각을 정리하기 시작했다.

"어쨌든 우리는 그 여자가 사는 집을 알아. 또 그 여자가 옛 주인에게 화를 냈고, 우리가 그 대립의 원인을 제공했을지 모른다는 것도 알아. 그리고 비글스 부인의 언니에게 사랑받던 학생이라는 것도 알게 되었어."

"그리고 네스터 할아버지의 말대로 오블리비아 뉴턴이 킬모어 코브에 온 게 끔찍한 실수인 거지."

"실수를 한 건 혹시 클리오 비글스 아닐까?"

릭이 고개를 저었다.

"글쎄, 그렇지만 사실 우린 오블리비아 뉴턴이 무슨 생각을 하고 있는지도 모르잖아. 진짜 문제는 바로 이거야."

그때 제이슨이 끼어들었다.

"내 생각에 진짜 문제는 킬모어 코브인 것 같아. 킬모어 코브 마을 전체가 문제야. 처음에 나는 빌라 아르고만이 문제라고 생각했어. 하지만 비글스 부인 집의 문을 본 뒤로 그렇게 확신하게 되었어."

"다른 문들이 있을지도 모른다는 말이지?"

줄리아가 동생을 대신해 결론을 내려 주었다.

"아니, 누군가가 그 문들을 숨기고 싶어 한다는 거야. 우리 집에 있는 시간의 문은 장롱 뒤에 숨겨져 있었어. 내가 우연히 발견하지 않았다면 몇 년이고 그대로 있었을 거야. 그리고 비글스 부인은 그 문이 지하실로 통한다고 생각하고 있어."

"비글스 부인의 생각이 맞을 수도 있어. 우린 그 문을 열어 보지 않았잖아."

릭이 지적했다.

"열쇠 네 개가 다 안 맞았잖아."

줄리아가 말했다.

"누나가 어젯밤 바다에 던져 버린 그 열쇠였는지도 몰라."
제이슨이 투덜거렸다.
"내가 바다에 던지지 않았어! 난……."
"이 경치 좀 봐!"
릭이 자전거를 멈추며 쌍둥이의 대화를 중단시켰다.
세 아이는 해안 도로가 두 갈래로 갈라지는 지점에 이르러 있었다. 한쪽 길은 해안을 따라 뻗어 나갔고 다른 쪽 길은 곶에 닿았다. 곶의 끝 부분에는 바다에 홀로 서 있는 하얀 탑, 등대가 서 있었다.
줄리아는 해변의 반대쪽, 솔턴 클리프의 하얀 절벽을 따라 눈을 들었다. 빌라 아르고가 솔턴 클리프 위에 서 있었다. 정원의 나무들 사이로 작은 탑처럼 우뚝 솟아 있었다. 절벽을 둘로 나누며 바다에 닿아 있는 좁은 계단들을 보자 줄리아는 치아 교정기가 떠올랐다.
"마을을 벗어나기 전에 네스터 할아버지에게 알려야 할 것 같지 않니? 걱정을 끼치고 싶지 않아."
"어떻게 알린다는 거야? 연기로 신호를 보내나? 공중전화도 없는 것 같던데."
"제이슨이 연락할 수 있을 것 같은데."
"잊어 줘. 겨우 그 이야기를 하러 빌라 아르고까지 자전거로 달려갈 수는 없어. 게다가 네스터 할아버지는 나뭇잎을 긁어모으느라 정신이 없거나 낮잠을 자고 있을지도 몰라. 우리를 걱정할 그런 사람이 아니라고."

"바로 그거야. 우리가 네스터 할아버지를 걱정해 줘야 해. 어젯밤에 심하게 넘어졌단 말이야. 그리고 어쨌든 노인이잖아. 기침하는 소리 못 들었니?"

줄리아가 말했다.

"닥터 보웬이 네스터 할아버지는 바위 같다고 했잖아."

그렇지만 줄리아는 포기하지 않았다.

"네스터 할아버지가 무뚝뚝하고 성미가 까다롭기는 하지만 우리의 비밀을 알고 있는 유일한 분이야. 킬모어 코브에 우리 편이 있다면 그건 바로 네스터 할아버지야."

"이제까지는 그 사람에게 호감이 없었던 것 같은데."

제이슨이 비꼬듯 말했다.

"어제는 어제고 오늘은 오늘이야."

"이제 가자, 줄리아! 서둘러 갔다 오면 네스터 할아버지는 우리가 마을을 나갔었다는 걸 모를 거야."

하지만 줄리아는 그 자리에 서서 꼼짝도 하지 않고 하얀 절벽을 바라보았다.

"또 뭐야?"

"몰라. 여자의 직감이라고 해도 좋고 네가 말하고 싶은 대로 말해도 좋아. 그런데 빌라 아르고가 왠지 불안스러워 보여."

줄리아가 대답했다.

"좋아, '우리 누나의 어리석음'이라고 말할게."

줄리아가 제이슨에게 혀를 내밀고는 말했다.

"금방이라도 무슨 일이 벌어질 것 같단 말이야. 우리는 마을을 떠나지 않는 게 좋을 것 같아."

"바보 같은 소리! 대체 무슨 일이 일어난다는 거야?"

제이슨은 누나를 비웃으며 페달에 발을 올려놓고 자전거 속도를 높였다. 바람에 셔츠가 부풀었고 빳빳하게 솟은 머리카락이 나부꼈다.

제 9 장
파괴자

클레오파트라 비글스의 집

세 아이가 있는 곳에서 5킬로미터쯤 떨어진 곳에 보라색 시멘트 저택이 있었다. 그 집 안에 40만 파운드짜리 냉풍기로 완벽하게 냉방되고 있는 방에서 요란하게 전화벨이 울렸다. 벨 소리는 바그너의 '발퀴레'였다. 하지만 아무도 그 소리를 듣지 못했다. 시끄러운 디스코 음악이 귀를 먹먹하게 울리며 방 안을 가득 채우고 있었기 때문이다.

방 한가운데에는 최신형 자전거가 놓여 있었다. 페달이 음악에 맞춰 돌아가는 동안 손잡이는 팔과 어깨를 운동할 수 있게 만들어진 기계였다. 한 여자가 페달을 밟으며 말 그대로 폭포수처럼 땀을 쏟고 있었다. 하지만 그 여자는 그렇게 기운을 빼며 운동하는 게 즐거운 듯했다. 여자는 단호하면서도 자신감에 넘치는 눈으로 앞을 똑바로 바라보고 있었다. 키가 크고 몸이 탄탄한 여자였다.

여자는 전화를 받을 생각이 없는 것 같았다. 열다섯 번쯤 전화벨이 울리자 흰 래커 칠을 한 문이 반쯤 열렸다. 그러자 갑자기 방 안의 온도가 내려갔고 음악이 꺼졌으며 자전거가 점점 느려지다가 천천히 멈췄다.

"만프레에에드!"

여자가 짜증을 내며 소리쳤다. 오블리비아 뉴턴은 자전거의 손잡이에 쓰러지듯 몸을 기대며 화를 냈다.

"헬스장에 있을 때는 방해하지 말라고 했지?"

"전화가 왔습니다. 중요한 전화인 것 같아서요. 철거 업자입니다."

만프레드가 문틈에서 단조로운 목소리로 대답했다. 오블리비아 뉴턴이 고개를 들었다. 땀에 젖은 운동복이 몸에 달라붙었다.

"당장 전화 돌려."

"벌써 돌려 놨습니다. 하지만 안 받으셔서요."

"그럼, 다시 돌려 놔."

하얀 문이 닫혔다. 오블리비아 뉴턴은 자전거에서 내려와 짙은 보라색 수건을 들었다. 수건에는 오블리비아 뉴턴의 머리글자인 O. N.이 화려한 장식과 함께 크게 수놓여 있었다.

"오블리비아 뉴턴입니다."

오블리비아 뉴턴이 '발퀴레'의 첫 음이 들리자마자 전화를 받았다. 그리고 잠시 상대의 말을 듣고 있다가 대답했다.

"비용이 얼마나 들지 같은 건 관심 없어요. 변명은 듣고 싶지 않아요. 오늘, 지금, 당신이 데리고 있는 사람들 전부요. 가장 뛰어나고 힘세고 똑똑한 사람들을 데려와요. 쇠사슬하고 쇠공 달린 크레인도요. 난 벽 하나도 남기고 싶지 않아요. 아니, 아니에요. 벽 하나는 그대로 남겨 둬야 해요."

수화기 너머에서 철거 회사 사장은 다시 뭐라고 한마디 했는데, 곧바로 오블리비아 뉴턴이 터뜨리는 고함의 포격을 받았다.

"그 집에 어떻게 가야 하는지 백번도 더 설명했어요. 마을을 지나 비포장도로로 들어와요. 미안하다는 말로 더 이상 날 귀찮게 하지 말아요! 그 집은 내 집이에요. 나 좋을 대로 할 거예요! 거기서 30분 뒤에 봐요."

오블리비아 뉴턴은 수화기를 거칠게 내려놓았다. 그런 뒤 이마의 땀을 닦고 수건을 바닥에 내던졌다. 그리고 헬스장 문을 발로 뻥 차고 만프레드를 찾으러 나갔다. 만프레드는 주머니에 손을 넣은 채 큰 유리창 앞에 서서 밖을 내다보고 있었다.

"가자."

만프레드가 오블리비아 뉴턴 쪽으로 돌아섰다. 코에는 커다란 반창고가 붙어 있었다. 두 눈 언저리는 상처가 난 데다가 퍼렇게 멍이 들어 있었다. 최악의 밤을 보낸 흔적들이었다. 목에서 가슴으로 이어지는 오래된 상처 때문에 만프레드의 겉모습은 더욱 어두워 보였다.

"어디로 가나요?"

오블리비아 뉴턴은 너무나 무례한 질문에 걸음을 멈추었다.

"언제부터 내가 가는 곳을 알고 움직인 거지?"

만프레드가 갱스터 영화에서 보았던 잭 니콜슨을 흉내 내며 씩 웃었다.

"아가씨를 위해 목숨을 걸고 위험을 무릅썼을 때부터지요."

오블리비아 뉴턴은 만프레드에게 다가가서 면도칼처럼 날카로운 보랏빛 손톱을 들이밀었다.

"내가 돌아왔을 때 네가 없어져서 얼마나 화가 났는지 잘 알 텐데. 왜 빌라 아르고에 가서 어슬렁거리고 자동차를 망가뜨려 50만 파운드나 쓰게 했느냔 말이야."

오블리비아 뉴턴의 손톱이 목의 흉터를 거쳐 목 정맥을 지나가는 동안 만프레드는 꼼짝할 수가 없었다. 다만 잭 니콜슨의 미소를 잃지 않으려고 애썼다.

"하지만 만프레드……"

갑자기 오블리비아 뉴턴이 목소리 톤을 완전히 바꾸었다. 만프레드의 목에 댔던 손도 뗐다. 만프레드는 비틀거리며 뒤로 물러났다.

"네가 놀라운 물건을 내게 갖다 주었지. 그걸 차지하느라 목숨을 잃을 뻔했다고도 했지. 그래서 널 용서해 주기로 했다."

오블리비아 뉴턴의 손에서 낡은 열쇠 두 개가 반짝였다. 열쇠는 목걸이 줄에 걸려 있었다.

"용감한 만프레드. 어제까지만 해도 고양이 열쇠밖에 없었는데……"

오블리비아 뉴턴이 열쇠 손잡이를 차례로 보여 주며 웃었다.

"이제는 사자 열쇠까지 보냈으니……. 흐흐흐!"

만프레드는 화가 난 오블리비아 뉴턴이 더 무서운지, 기뻐하며 웃는 오블리비아 뉴턴이 더 무서운지 헷갈렸다. 만프레드는 침을 꿀꺽 삼켰다.

"흐흐……."

만프레드는 어쩔 줄을 모르며 어정쩡하게 이런 소리를 냈다. 그러다가 곧 평상시의 싸구려 악당 같은 표정을 되찾았다.

"훌륭해, 만프레드! 가서 오토바이 준비해. 잠시 후 떠난다."

만프레드는 오블리비아 뉴턴이 여러 개의 문 가운데 하나로 완전히 사라질 때까지 꼼짝하지 않고 지켜보았다. 그러고 나서 주머니에 손을 찌른 채 돌아섰다.

만프레드는 화가 났지만 분노를 어디에 터뜨려야 할지를 알지 못했다. 만프레드는 지기외 일과 빌라 아르고, 늙은 정원사와 자신을 죽음으로 몰았던 조그만 여자 아이를 증오했다. 그러다가 마음속에 자신의 여주인에 대한 증오심이 생겨나고 있음을 알아차렸다. 오블리비아 뉴턴은 만프레드를 마치 꼭두각시처럼 이용하고, 또 철거 업자들에게 하는 것처럼 경멸하는 태도로 다루었다. 목에는 움푹 들어간 손톱자국이 아직도 남아 있었다.

여전히 만프레드는 두 사람이 이제부터 어디로 갈지를 알지 못했다.

제 10 장
아울 클록

오블리비아 뉴턴의 집

몇 킬로미터를 달리고 난 뒤 세 아이는 비포장도로가 시작되는 네거리에 도착했다. 아이들은 숨을 고르려고 잠시 멈춰 섰다.

큰길은 내륙 쪽으로 살짝 구부러지며 해안을 벗어났다. 마을을 떠난 뒤 아이들은 자동차를 한 대도 보지 못했다. 주변의 경치는 접시처럼 평평해졌다. 키가 작고 통통한 관목 숲이 드넓게 펼쳐져 있었다. 관목들 사이로 언뜻언뜻 돌이 보였고 산들바람에 흔들리는 흰색과 보라색의 작은 꽃들도 있었다. 이따금 외로이 서 있는 키 큰 나무들도 있었는데 나뭇가지는 바람의 반대 방향인 내륙 쪽으로 향하고 있었다.

아이들은 다리의 근육을 풀어 주면서 주위를 둘러보았다. 언제나 계획성 있고 준비가 철저한 릭은 마을에서 물을 한 병 얻어 와서 쌍둥이에게 나누어 줬다.

조금 전 무거운 차가 비포장도로를 지나간 게 틀림없었다. 도로에 바퀴 자국이 깊게 났고 도로 표지판이 부러져 있었다. 제이슨이 표지판을 주워 그 위에 적힌 글을 읽었다. 아울 클록(Owl Clock). 도로 이름 옆에는 하얀 부엉이도 그려져 있었다.

"이상하지, 안 그래?"

줄리아가 아까 닥터 보웬이 했던 말을 갑자기 생각해 내고는 릭을 향해 돌아섰다.

"'정말 '킬모어 코브에 오신 걸 환영합니다.' 이런 표지판 본 적 없니? 지방의 경계에 늘 있듯이 '킬모어 코브'라는 간단한 표지판이라도 말이야."

"글쎄…… 그런 거에 신경 써 본 일은 없지만…… 없어. 표지판이 없었던 것 같아."

"마을로 들어가는 길이 몇 개나 되는데?"

"하나뿐이야, 이 길. 해안을 따라 빌라 아르고까지 이어지는 길이지."

릭은 자신들이 지나온 길을 가리켰다.

"빌라 아르고를 지나면?"

"몰라. 가 본 적 없어."

릭이 조금 당황한 듯 대답했다. 릭은 킬모어 코브를 벗어나 본 적이 없다는 사실을 인정하고 싶지 않았다. 사실은 킬모어 코브를 떠난다는 생각조차 해 본 적이 없었다. 이곳에는 릭이 원하는 것이 모두 있었다. 심지어 그렇게 오랫동안 꿈꿔 왔던 일, 빌라 아르고에 들어가는 일까지 이루었으니, 이제 더 이상 바랄 게 뭐가 있겠는가?

줄리아는 릭이 당황하는 것을 눈치 채고 미소를 보냈다. 줄리아는 구제 불능일 정도로 성급한 동생과는 너무나 다른, 친절하고 사려 깊은 릭에게 점점 호감을 느끼고 있었다.

"그래! 그래도 기차역에는 표지판이 있겠지!"

줄리아가 말했다.

"있었어. 하지만 몇 년 전에 역이 폐쇄됐어. 솔직히 말하면, 난 기차가 지나가는 걸 한 번도 본 적이 없어. 우리는…… 어떻게 말해야 하나? 외부와 좀 차단되었다고나 할까?"

"그렇게 말할 수 있을 것 같아. 지금 몇 킬로미터를 달렸지만 집 한 채 못 봤잖아."

제이슨이 말했다.

릭은 자기 물병을 다시 받아 뚜껑을 닫은 뒤 자전거에 걸었다.

"겁나니? 아무것도 없는 공간에서 길을 잃은 것 같니?"

"오, 아니야! 물론 런던에는 사람이 아주 많기는 하지만."

세 아이는 잠시 아무 말도 하지 않았다. 그러다가 갑자기 릭이 명랑하게 말했다.

"이곳이 어떻든 난 여기가 좋아. 환영 표지판 같은 건 없어도 너희가 이곳에 있어서 정말 행복해."

그리고 릭은 삐거덕거리는 자전거 손잡이를 잡고는 다시 페달을 밟기 시작했다.

얼마 가지 않아서 릭은 자신을 주먹으로 패 주고 싶었다.

'바보, 바보, 바보.'

릭은 속으로 이렇게 되풀이했다.

'정말 바보짓을 했어! 너희가 이곳에 있어서 정말 행복해라니……. 맙소사!'

대체 어떻게 그런 낯간지러운 말이 튀어나온 걸까? 동화책 속의 어린아이들이 잠자러 갈 때나 하는 인사 같았다.

"난 세상을…… 몰라."

릭이 바다에서 불어오는 바람을 맞으며 조그맣게 혼잣말을 했다. 갑자기 아버지 생각이 났다. 아버지는 자신이 본 세상을 알고 있었고 항상 무슨 말을 해야 할지 알았다. 지금 제이슨과 줄리아가 무슨 생각을 하는지 누가 알겠는가. 어쩌면 릭을 시골 마을에 사는 무식한 아이라고 생각할지도 모른다.

뒤에서 쌍둥이가 웃는 소리가 들리자 릭은 가슴 한쪽이 아파 오면서, 자기 때문에 웃는 것이라고 생각했다. 자전거를 멈추지 않은 채 릭은 두 아이 쪽으로 몸을 돌려 소리쳤다.

"너희 둘, 그만 웃어!"

전혀 다른 이야기를 하고 있던 제이슨과 줄리아는 헬리콥터 소리처럼 귀를 먹먹하게 하는 갑작스러운 굉음을 들었다. 그리고 굽잇길에서 반짝반짝 윤이 나는 검은 물체가 미친 듯이 달려 나오는 것을 보았다. 그것은 경주용 오토바이였다. 오토바이는 옆으로 살짝 기울어져 굽잇길을 돌았다. 거기에는 두 사람이 타고 있었다.

두 아이가 고함쳤다.

"릭! 조심해!"

릭도 그 소리를 들었다. 다시 앞으로 몸을 돌린 릭은 너무 놀라 입을 딱 벌리고 말았다. 오토바이는 이미 릭에게 달려들고 있었다. 릭은 본능적으로 왼쪽으로 몸을 던져 땅으로 뛰어내렸다. 오토바이는 반대쪽으로 기울어졌다. 바퀴에서 불꽃이 튀었다.

오토바이 운전사는 죽을힘을 다해 균형을 유지하려 애쓰며 아슬아슬하게 릭의 자전거를 피했다. 오토바이와 자전거 사이는 한 뼘도 안 되었다. 오토바이가 제이슨과 줄리아 옆으로 달려오다가 속도를 늦추었다. 몇 차례나 브레이크를 잡는 바람에 오토바이 바퀴에서 열이 났다. 오토바이에 탄 사람이 헬멧의 얼굴 보호대를 들어 올리더니 불같이 화를 내며 고함쳤다.

"집에나 가거라, 코흘리개들아!"

잠시 후 오토바이는 먼지를 남긴 채 조금 전 아이들이 쉬고 있던 네거리로 접어들었다.

제이슨은 자신이 본 광경을 믿을 수 없는 듯 고개를 저었다.

줄리아는 자전거를 내던지고 릭에게 달려갔다. 릭은 꼼짝도 하지 않고 바닥에 누워 있었다.

"괜찮아……."

줄리아의 손이 닿자마자 릭이 중얼거렸다.

"옷이…… 찢어진 것뿐이야."

"피투성이가 됐잖아!"

"별거 아니야."

살갗이 벗겨지고 팔뚝이 욱신거렸지만 그걸 무시한 채 릭이 대꾸했다.

"그런데 누군지 봤니? 대체 그 고약한 사람들은 누구야?"

오토바이의 검은 형체가 햇빛 속에서 흔들리며 바퀴가 만들어 내는 먼지 구름에 싸여 멀리 달려가고 있었다.

제이슨이 다시 고개를 가로저었다.

"틀림없이 그 사람들이야."

"그 사람들이라니 누구?"

줄리아가 물었다.

"우리에게 욕했던 여자는 오블리비아 뉴턴이 틀림없어."

"오블리비아 뉴턴? 대체 어디로 가는 거지?"

"흥미 없어."

릭이 자전거를 세우며 화가 나서 외쳤다. 찢어진 셔츠가 팔에 덜렁덜렁 매달려 있었다.

"저 여자에게 자꾸 받히는 데는 이제 신물이 나!"

릭은 마지막 결전을 앞둔 전사처럼 자전거에 올라탔다.

"어떻게 하려는 거야?"

"저 여자 뒤를 따라갈 거야. 이번에는 복수를 해 주겠어."
릭은 두 아이에게 물어볼 것도 없이 단호하게 말했다.

"다시 한 번 말해 봐. 솔턴 클리프 밑에 가서 그물만 던지는데 50파운드씩을 준다는 건가?"
세 사람의 어부 가운데 한 사람이 등대지기에게 물었다. 다른 두 어부는 이렇게 희한한 제안은 처음이라는 듯 수염을 긁었다.
"머리가 어떻게 된 거 아닌가, 레오나르도?"
등대지기 레오나르도는 마을 쪽으로 등을 돌리고 있었다. 레오나르도는 선원들이 입는 두꺼운 파란색 이중 잠바를 입고 있었는데 기골이 장대했다. 신고 있는 신발은 거친 나무로 만든 나막신이었다.
"맞아."
바닷물을 빨아들이는 동굴에서 울리는 것 같은 목소리였다.
한 어부가 자기 배로 가서 말했다.
"난 방금 그물 청소를 했어. 일요일 오후는 편안하게 쉬고 싶어. 그 일은 우리에게도 좋은 휴식이 될 것 같은데, 안 그래?"
"하지만 절벽 밑에서 그물을 던지고 바닥을 몇 번 훑어 본들 고기를 잡을 수는 없을 걸세."
다른 어부가 한 손으로 손차양을 만들어 햇살을 막으며 솔턴 클리프 쪽을 보고 말했다.

"그렇지만 고기를 잡으려는 건 아닌 것 같은데, 맞지?"

세 번째 어부가 불룩한 배를 긁으며 물었다.

레오나르도 미나소가 몸의 무게 중심을 한쪽 다리에서 다른 쪽 다리로 옮겼다. 부두가 삐걱거렸다. 입을 열지 않았지만 그 태도는 상당히 위협적이었다.

"50파운드라고 말했어. 뱃사람이라면 무시할 수 없는 액수지. 친구로서 말하는데, 일을 제대로 했는지 등대로 와서 확인을 받아야 하네."

"물론이지, 레오나르도. 잘 알겠네. 중요한 건 자네가 돈을 준다는 거지. 돈은 자네 돈이니 자네가 원하는 대로 하면 돼. 돌을 매달아 그물을 던지고 그물에 뭐가 걸리나 살펴보겠네."

두 번째 어부가 바다에 침을 뱉었다.

"열쇠를 찾는다고 했지? 낡은 열쇠. 해 보지. 그렇지만 반드시 찾아낸다는 약속은 할 수 없어."

세 번째 어부가 머리를 긁으며 한마디 더 보탰다.

"정말 절벽에서 떨어진 거 틀림없나?"

# 제 11 장
거울의 집

오토바이가 일으킨 먼지 구름이 비포장도로 위에 오래 남아 있어 아이들은 쉽게 오블리비아 뉴턴을 추적할 수 있었다. 길은 구불구불 이어졌고 풀과 엉겅퀴와 노란 들꽃들이 뒤덮인 완만한 비탈을 따라 오르락내리락했다. 아이들은 추적을 하는 내내 아무도 입을 열지 않았다. 힘을 아끼고 입으로 먼지가 들어가는 것을 피하기 위해서였다.

마침내 아이들은 낡고 녹이 슨 철문 앞에 이르렀다. 언뜻 봐서는 아무것도 없는 들판 한가운데 문만 달랑 있는 것 같았다. 두 개의 돌기둥은 잡초에 가려 있었다. 거울 조각들이 기둥 위를 장식하고 있었는데 아마 예전에는 아름다운 장식품이었을 것 같았다. 철문은 풀밭 위에 반쯤 쓰러져 있었다. 마치 무엇인가가 그것을 밀어 쓰러뜨리고 지나간 것 같았다. 바닥에 남아 있는 흔적을 보면서 릭이 말했다.

"바퀴 자국이야. 누군가가 최근에 크레인을 몰고 지나갔어."

제이슨이 허리를 숙여 길에 남아 있는 자국을 자세히 살펴보았다.

그사이 줄리아는 철문에 붙은 황동 문패의 글을 읽었다. 줄리아가 릭에게 물었다.

"이거 보고 뭐 생각나는 거 없니?"

"없어. 그렇지만 찾아보면 뭔가가 나오겠지."

철문을 지나자 좁은 길은 풀이 우거진 두 개의 언덕 사이로 완만하게 'S' 자를 그리며 이어졌다. 두 언덕 가운데 한 언덕 위에 이상한 건물들이 길게 늘어서 있었다. 길고 가느다란 날개가 달린 키가 큰 풍차 같은 것들이었다. 날개들은 느릿느릿 돌아가고 있었다. 잎이 무성한 나무들이 고른 간격으로 길 옆에 늘어서 가로수 길을 만들어 냈다.

"언덕 위에 있는 저것들은 뭘까?"

"풍차 같은데."

"아닌 것 같아. 이상한 소리가 나는데."

그러나 그 소리는 언덕 위에서 나는 게 아니었다. 아이들 뒤에서 트럭이 다가오고 있었다. 트럭을 발견한 릭이 소리쳤다.

"피해!"

세 아이는 재빨리 자전거를 끌고 가로수 뒤로 가서 수풀 속에 몸을 납작 엎드렸다.

트럭 소리가 점점 요란해졌다. 잠시 후 집채만 한 트럭이 모습을 드러냈다. 창문은 시커먼 색이었는데 오른쪽 옆구리에 선명하게 이렇게 적혀 있었다.

철거 전문 회사
키클롭스 & Co.

트럭은 덜컹덜컹 튀어 오르며 철문을 지나 언덕 너머로 사라졌다.

"신중하게 움직이는 게 좋겠어. 여기서 무슨 집안 회의가 열리나 봐."

제이슨이 조그맣게 속삭였다.

아이들은 철문 근처에 자전거를 눕히고 풀로 잘 덮은 뒤 나무에 몸을 숨기며 앞으로 걸어 나갔다.

언덕 너머로 아주 희한하게 생긴 집이 보이기 시작했다. 지붕은 완전히 거울로 덮여 있었다. 집은 높고 좁았으며 모든 것이 완벽하게 조화를 이루고 있었다. 담쟁이넝쿨이 벽을 완전히 가려 버렸고 창문에는 작은 발코니가 있었다. 발코니에는 정교하게 세공된 쇠 난간이 있었는데, 깃발이 가득 꽂혀 있었다.

그러나 가까이 다가가면서 아이들은 그 집에 오랫동안 사람이 살지 않았고 제대로 관리된 집이 아니라는 것을 알게 되었다. 지붕의 거울은 여기저기 깨져 있어서 톱니같이 들쭉날쭉한 구멍이 뚫려 있었다. 난간은 녹이 슬었고, 담쟁이는 가지치기를 좀 해 줘야 할 것 같았다.

안뜰에서 사람들과 자동차들이 바삐 움직였다. 아이들은 릭의 생명을 위태롭게 했던 오토바이가 한쪽에 세워져 있는 것을 한눈에 발견했다. 그 옆에는 거대한 크레인이 서 있었다. 크레인의 기둥은 아주 길었고 거기에 연결된 쇠사슬 끝에 쇠공이 매달려 있었다. 마지막으로 도착한 트럭이 집 앞에 비스듬히 주차되어 있었다.

트럭 주위에 남자 네 명이 서 있었다. 모두 키가 크고 건장했으며 몸에 딱 달라붙는 티셔츠 위로 울퉁불퉁한 근육이 드러났다. 차가운 느낌이 나는 파란색 바지에 똑같은 색의 모자를 쓰고 있었는데 모자 위에는 크게 뜬 눈 하나가 그려져 있었다.

남자들은 오토바이를 타고 온 두 사람과 열심히 이야기를 나누고 있었다. 두 사람은 여전히 검은색 오토바이 경주복 차림이었다.

 제이슨과 줄리아, 릭은 풀밭으로 살금살금 걸어가 안뜰에 최대한 가까이 다가갔다. 사람들의 얼굴을 알아볼 수 있게 되었을 때 줄리아와 릭은 제이슨의 말이 맞았다는 것을 알았다. 오토바이에 탔던 사람은 정말 오블리비아 뉴턴과 만프레드였다.

 오블리비아 뉴턴의 운전사를 보자 줄리아는 숨이 멎을 것만 같았다.

 "멀쩡한 것 같은데, 누나. 저자의 코만 납작하게 만들어 놨나 봐."

 제이슨이 줄리아에게 속삭였다.

 "여기서 기다려."

 릭이 조심스레 두 아이의 곁을 떠나며 말했다.

 "어디 가는데?"

 "저 오토바이 좀 수리하러."

 릭이 수수께끼 같은 대답을 했다.

 "뭐 하려는 거야? 미친 거 아냐?"

 "너무 화가 나서 저러는 것 같아."

 제이슨과 줄리아는 풀밭에 웅크리고 앉았다.

 만프레드는 신경질적으로 이리저리 주위를 둘러보았다. 꼭 아이들의 냄새를 맡은 사람 같았다.

릭은 만프레드의 등 뒤로 사라졌다가 잠시 후 키클롭스 철거 회사의 트럭 뒤에서 다시 모습을 보였다.

제이슨과 줄리아는 심장이 터질 것 같았다. 쌍둥이는 두 눈으로 릭을 좇았고, 오블리비아 뉴턴과 낯선 남자들의 대화에 귀를 기울였다. 만프레드는 다시 대화에 빨려 들어가 있었다. 릭은 그 기회를 이용해 아무도 모르게 오블리비아 뉴턴의 오토바이에 다가갈 수 있었다. 릭은 바퀴 쪽으로 몸을 숙였다. 잠시 후 오토바이 바퀴에서 바람이 빠졌다.

제이슨과 줄리아는 안간힘을 쓰며 웃음을 참았다.

만프레드는 아직도 일꾼들과 손짓을 해 가며 이야기를 하느라 아무것도 눈치 채지 못했다.

릭은 쏜살같이 달려서 쌍둥이에게로 돌아왔다. 매우 만족스러운 표정이었다.

"어떻게 한 건지 말해 봐."

제이슨이 릭의 어깨를 툭툭 치며 물었다.

"직업상의 비밀이야."

릭은 감탄하며 자신을 바라보는 줄리아의 시선에 우쭐해졌다. 아이들은 다시 사람들을 바라보았다.

"무슨 이야기들을 하고 있었어?"

줄리아가 릭에게 물었다.

"잘 듣지 못했어. 그런데 이 집의 주인이 오블리비아 뉴턴이라고 했던 것 같아."

"음…… 좀 더 자세한 걸 알아내야 해."

제이슨이 중얼거렸다.

"어떻게? 릭이 한 것처럼 가까이 다가가는 건 너무 위험해."

릭이 조금 전 자기가 사라졌던 지점을 가리켰다.

"저쪽에서 오솔길을 하나 발견했어. 집 둘레를 에워싸는 길이야. 아마 뒤쪽으로 해서 다가가면 들키지 않고 이야기를 엿들을 수 있을 것 같아."

세 아이는 잠시 생각을 해 본 후 결정했다.

"좋아, 해 보자."

오솔길부터 언덕이 완만하게 경사지기 시작해 풀이 우거진 넓은 목초지로 이어졌다. 풀은 거의 무릎까지 닿을 정도였다.

아이들 주위로 깨끗한 초록색의 작은 계곡이 펼쳐졌다. 그 계곡에서 눈에 두드러지는 것이라고는 거울로 된 집과 언덕 위에 있는 이상한 풍차들뿐이었다. 오솔길은 집 뒤 목초지에서 시작해서 집 둘레를 크게 에워쌌다.

뒤에서 보니 거울의 집에는 지붕이 없는 것 같았다. 그리고 더 이상한 것은 집이 원형의 플랫폼 위에 세워진 것 같다는 점이었다. 플랫폼은 튼튼한 쇠기둥이 받치고 있어서 거울의 집은 일종의 말뚝 같은 형태였다. 진짜 집이라기보다는 쇠, 거울, 담쟁이넝쿨과 나무로 된 거대한 장치라고 하는 것이 더 어울렸다.

아이들은 그 모습에 홀린 듯 다가갔다. 큰 새 몇 마리가 담쟁이넝쿨 사이에 둥지를 틀어 놓았다. 새들은 담쟁이 그늘 속에 숨어 호기심 어린 눈으로 아이들을 지켜보았다.

릭은 집과 집을 받치고 있는 원형의 플랫폼이, 마치 커다란 기계처럼 강철 막대와 큰 볼트로 연결되어 있다는 것을 발견했다. 담쟁이넝쿨에 가린 벽 위로는 금속 케이블과 굵은 구리 관들이 이리저리 뻗어 뼈대를 이루었다.

"굉장히 독창적이야. 정말 독창적이야."

이 희한한 건축물을 주의 깊게 살피면서 릭이 말했다.

"뭐가 그렇게 독창적이라는 거야?"

줄리아가 릭에게 물었다.

세 아이는 조심조심 건물 전체를 받쳐 주는 쇠기둥에 가까이 다가갔다. 이제 귀를 기울이면 집의 반대편에서 주고받는 대화를 들을 수 있었다.

릭이 집을 가리키며 줄리아에게 대답했다.

"이런 생각이 들어. 이 플랫폼이 혹시…… 집을 저절로 돌아가게 할지도 모른다는 거지! 언젠가 회전하는 집 이야기를 들은 적이 있거든."

"그럼 지금까지 이 집을 한 번도 본 적이 없었어?"
제이슨이 깜짝 놀라서 크게 말했다.
"처음이야. 마을에서 멀리 떨어져 있잖아. 그리고 아까 그 좁은 길로 들어서지 않았다면 우리도 결코 찾아낼 수 없었을 거야."
"회전하는 집? 분명해?"
줄리아가 물었다.
릭이 손을 들어 집의 한 곳을 가리켰다. 기차 바퀴와 비슷한 큰 바퀴에 의지해 플랫폼에 놓여 있는 것처럼 보이는 곳이었다.
"무엇 때문에 집이 회전해야 하는 거지?"
"아마 태양을 쫓아가기 위해서일 거야. 너희, 거울로 된 지붕 봤지?"
"응."
"그건 태양 전지 판일 거야. 언덕 위에 있는 그 이상한 풍차들은 바람으로 돌아가는 풍력 발전기이고. 태양과 바람 에너지를 이용하는 거지."
그때 '꾸, 꾸, 꾸!' 하고 구슬프게 울어 대는 동물 소리가 지붕에서 메아리쳤다.
"이건 무슨 소리야?"
제이슨이 물었다.

"모르겠어. 새 울음소리 같은데."
릭이 대답했다.
두 남자 아이의 말에 별 흥미를 느끼지 못한 줄리아는 강철 기둥들 사이로 들어갔다. 기둥이 끝나는 곳에서 반쯤 열린 작은 문을 발견했다. 군데군데 나무 판들이 가로질러진 문이었다. 줄리아는 문으로 들어가서 제이슨과 릭에게 자기 쪽으로 오라는 신호를 보냈다.

놀랍게도 문 뒤에는 방이 있었다. 그 방에 들어서자 잠수함의 기계실이나 시계 장치 속에 들어온 것 같았다. 어디를 둘러보아도 톱니바퀴, 레버, 다양한 길이의 구리 관, 쇠 상자와 서로 복잡하게 연결된 기계들뿐이었다. 빈 공간이라고는 가운데의 좁은 복도밖에 없었다.
"여기가 이 집을 회전시키는 기계실이 틀림없어."
릭이 소곤거렸다.
"내 생전 이런 곳은 처음이야!"
제이슨이 주위를 둘러보며 말했다.
세 아이는 가운데의 빈 공간으로 갔다. 낡은 책상이 그 공간을 차지했는데 책상 위에는 기계들을 움직이게 하는 레버들이 있었다. 책상 뒤 벽에는 일종의 테스트 보드 같은 게 붙어 있었는데

간단한 그림이 몇 개 그려진 것이었다.

첫 번째 그림은 집 같았고 두 번째 그림은 태양과 달 같았다. 나머지는 화살표였는데, 건물이 회전하는 방향을 가리키는 것 같았다.

테스트 보드에서부터 몇 개의 관이 뜨거운 물탱크와 차가운 물탱크로 번갈아 이어졌다가 벽 너머로 사라졌다.

방 안은 쥐 죽은 듯 조용했다. 그런 침묵을 깨는 건 이따금 뜰에서 들려오는 말소리와 천장에서 들리는 '꾸, 꾸, 꾸!' 소리뿐이었다.

릭은 책상 위의 레버에서 먼지를 털어 낸 뒤 어디에 쓰이는 것인지 추측해 보려 했다.

"이건 더운물을 조절하는 것 같아. 그리고 저건…… 언덕 위 풍력 발전기에서 생산된 에너지를 조절하는 거고."

제이슨이 말했다.

"기계 장치에 대해서는 나중에 생각해 보자! 저쪽에서 무슨 이야기를 하는지 들으려면 여기서 나가는 게 좋겠어."

줄리아가 제안했다.

출입문 말고 기계실에 유일하게 있는 출구는 위로 향하는 계단이었다. 진짜 집 안으로 연결되는 것이 틀림없었다. 물론 출구의 문은 거울이었다.

아이들이 문을 열었을 때 맨 먼저 들린 소리는 날개를 퍼덕이는 소리였다. 무엇인가가 어둡고 먼지가 그득한 방 안의 공기를 가르며 재빠르게 움직였다.

꾸, 꾸, 꾸!

어둠 속에서 다시 소리가 들렸다.

아이들은 가구가 없어 썰렁한 방 안으로 들어갔다. 이상한 야생의 냄새가 부서진 창문을 통해 들어왔고 담쟁이넝쿨이 벽을 파고들었다. 벽은 돌이 아니라 얇은 목재였고 전에 가구들이 놓였던 자국이 아직 남아 있었다.

다른 것들에 몸이 닿지 않게 하려고 조심하면서 세 아이는 반달 모양의 큰 거실에 이르렀다. 공기 중에 고여 있던 코를 찌르는 냄새가 더 강렬해졌다. 거실에서는 뜰에서 나는 목소리가 더욱 선명하게 들렸다.

세 아이는 모두 신중하게 행동했다. 누군가가 그들을 지켜보고 있는 것 같은 느낌이 들었다. 줄리아가 주위를 둘러보았다. 어두운 계단 위에 노란색의 커다란 눈들이 줄줄이 늘어서 있는 것을 보았다. 어둠 속에서 다시 소리가 들려왔다.

꾸, 꾸, 꾸! 꾸, 꾸, 꾸!

"제이슨……"

줄리아가 무언가를 알아차리고는 동생을 불렀다.

하지만 두 소년은 이미 뜰 쪽으로 난 창가에 가 있었다. 창은 높고 좁았으며 쇠로 만든 격자 철창이 달려 있었다. 유리는 모두 깨졌고 덧창의 나무 판들은 못이 다 빠지고 여기저기 부러져 있었다.

현관문도 있었다. 현관문은 경첩이 다 빠져서 위태롭게 바깥쪽으로 기울어져 있었다.

다시 줄리아는 위쪽 계단에서 퍼덕이는 소리를 들었다. 줄리아는 그 소리를 무시하려고 애쓰며 주위를 둘러보았다.

거실은 텅 비어 있었다. 몸체만 남은 커다란 뻐꾸기시계와 둥근 금속 탁자가 거실에 있는 물건의 전부였다. 뻐꾸기시계의 부품들은 바닥에 여기저기 흩어져 있었다. 또 탁자 위에는 부엉이 얼굴이 새겨져 있었고 가운데에는 새 다리를 연상시키는 다리 세 개가 있었다.

"부엉이야."

줄리아는 결론을 내렸다. 계단 위에서 본 크고 촉촉한 눈의 주인공은 바로 부엉이였다.

제이슨과 릭은 살며시 밖을 내다보았다. 오블리비아 뉴턴과 키클롭스 회사의 인부 네 명이 트럭 보닛 위에 무엇인가를 펴 놓고 정신없이 이야기를 나누고 있었다.

"우리 지도다!"

그것이 무엇인지를 알아채고 릭이 소곤거렸다.

트럭의 보닛 위에 놓인 것은 제이슨과 릭이 푼트에서 찾은 토스 보웬의 지도였다.

"이 집을 산산조각 내 버려요! 그렇지만 천천히, 벽을 하나씩 하나씩 부숴야 해요."

오블리비아 뉴턴이 말했다.

철거 회사의 한 인부가 모자를 벗고 반짝이는 대머리를 긁적였다.

"힘들 겁니다."

"힘든 건 나하고 상관없어요! 난 문을 찾아야 해요!"

오블리비아 뉴턴이 표독스럽게 소리쳤다.

"아직 문이 있다고 확신하십니까?"

"물론이죠! 내가 그걸 알아내려고 얼마나 고생했는지 알아요?"

오블리비아 뉴턴이 토스 보웬의 지도를 움켜쥐며 말했다.

키클롭스의 인부가 그 말을 믿는다는 듯 두 손을 들어 보였다. 인부 옆에 서 있던 만프레드는 오블리비아 뉴턴의 분노가 이번에는 다른 사람을 향해 폭발한 게 흐뭇한 듯 키득거렸다.

"이런 걸 여쭤 봐서 죄송하지만 그 문이 이 집 안에 있다면 왜 집을 부숴야 하는 겁니까?"

인부가 물었다.

"문을 찾지 못하니까 그러죠!"

오블리비아 뉴턴이 고함을 질렀다.

"문은 숨겨져 있어요. 벽 사이에 들어 있는지 지하실에 묻혀 있는지 아무도 몰라요! 그래서 당신들을 부른 거예요. 문이 나타날 때까지 벽을 하나씩 무너뜨리세요."

"문을 찾으면요?"

"문을 찾으면 당신들은 돌아가도 돼요!"

키클롭스의 인부 네 사람은 모두 당황한 것 같았다. 이런 일은 한 번도 맡아 본 적이 없었다.

"터무니없는 일이에요, 뉴턴 양. 이 집은 당신의 집이고 돈은 당신이 내는 것이기는 하지만…… 저희가 말씀드리고 싶은 건, 이 일이 위험할 수도 있다는 겁니다. 이 집은 평범해 보이지 않아요. 벽은 알루미늄과 나무예요. 지붕은 거울이고요. 게다가 무서울 정도로 파이프와 기계 장치들이 뒤얽혀 있어요."

"당신처럼 키 크고 덩치 좋은 남자가 키 작은 시계 수리공이 만든 이따위 장난감 집이 무섭다는 거예요?"

오블리비아 뉴턴이 남자를 비웃었다.

"나 좀 웃기지 말아요! 물론 이 집은 나무와 알루미늄으로 지어졌어요! 너무 가벼워서 틀림없이 회전을 할 수도 있을 거예요!"

릭은 거실에서 그 소리를 듣고 웃었다. 오블리비아 뉴턴의 말이 맞았기 때문이다. 이 집은 정말 회전했다.

"하지만 이런 건물은 흔히 볼 수 있는 게 아니지요. 더욱이 장난감 집이라면서요!"

키클롭스의 인부가 말했다.

오블리비아 뉴턴이 빈정거리듯 웃었다.

"그래요. 이 집 주인에게는 장난감이었죠. 피터 다이달로스, 키가 겨우 요 정도밖에 안 되는 작은 남자였지."

오블리비아 뉴턴은 자기 배꼽 높이에 손을 대며 말했다.

하지만 그 이름을 듣고 릭은 흠칫했다.

"이 집은 기계 공학으로 이뤄 낸 작은 보석입니다. 그리고 제가 들은 대로 정말 자가발전을 한다면 더 그렇겠지요. 전선 같은 건 하나도 없어요. 전화도."

키클롭스의 인부가 모자를 고쳐 쓰면서 말했다. 오블리비아 뉴턴이 그 말을 시인했다.

"정말 악몽이야! 모든 게 다 지붕 위의 저 물건에서 만들어진다니……."

"태양 전지 판입니다."

"태양의 공포예요! 공포의 집이야. 빨리빨리 철거해 버려요!"

오블리비아 뉴턴이 울부짖었다. 귀청을 찢을 듯 날카로운 이 말이 텅 빈 거실에 울리자 미친 듯이 날개를 푸드득거리는 소리가 온 집 안에 퍼졌다.

오블리비아 뉴턴과 인부들이 돌아서서 집을 보았다.

"저 안에 새들이 있는 것 같아요."

인부가 말했다.

"관심 없어요. 당신들이 해야 할 일은 벌써 알려 줬어요!"

"원하시는 대로 하죠. 단, 집 안을 한 번만 둘러보고 일을 시작하겠습니다."

애석하다는 듯 인부가 말했다.

아이들은 재빨리 창문에서 떨어졌다. 그러다가 줄리아가 실수로 부엉이 탁자의 다리에 몸을 기대고 말았다. 탁자는 바로 줄리아 뒤에 있었다. 갑자기 탁자가 무시무시한 쉿소리를 냈다. 그러더니 다리가 움직이며 한 발 뒤로 물러섰다.

줄리아는 눈이 휘둥그레져서 그 광경을 지켜보았다. 도무지 지금 눈으로 본 것을 논리에 맞게 설명할 수가 없었다. 실제로 일어난 일일까? 그저 혼자만의 상상에 지나지 않는 게 아닐까?

"제이슨……."

"왜?"

"이 탁자가 저절로 움직였어."

"알았어, 줄리아. 조금만 있어. 금방 갈게."

제이슨과 릭은 현관 쪽으로 미끄러지듯 살금살금 다가가서 현관문의 경첩 사이에 난 틈으로 다시 밖을 내다보았다.

키클롭스의 인부들이 트럭 뒤에서 바쁘게 움직였다. 오블리비아 뉴턴과 만프레드가 천천히 걸음을 옮기며 현관문 쪽으로 다가오고 있었다.

"이런 누더기 같은 집을 철거해 버릴 수 있다니 너무 기뻐. 꿈만 같아!"

거울의 집 현관문을 혐오스럽다는 듯 쳐다보며 오블리비아 뉴턴이 말했다. 그러다가 인부들이 듣지 않게 주의하면서 만프레드에게 말했다.

"곧 문을 찾을 수 있을 거야. 두고 봐! 지도가 없다면 문을 찾는 데 100년도 더 걸릴 거야! 그런데 지도에 이렇게 표시되어 있잖아. 피터네 집에 있다고! 하, 내 평생 이렇게 기분 좋아 보기는 처음이야!"

줄리아는 아직도 거실 한가운데에서 움직이지 않았다.

"정말이야, 제이슨. 그냥 건드리기만 했어. 그랬더니…… 이상한 탁자가…… 뒤로 물러났어!"

현관 앞에서 오블리비아 뉴턴은 토스 보웬의 지도를 펼쳐 본 뒤 다시 말아서 겨드랑이에 꼈다.

"저 아무짝에도 쓸모없는 철거 업자들은 뭐 하느라 이렇게 꾸물거리는 거야? 트럭에서 뭘 찾는 거지? 근육 좋은 남자들은 머리가 비었다니까!"

근육이 적은 만프레드가 고개를 끄덕였다.

잠시 후 만프레드는 현관문을 유심히 보았다. 제이슨과 릭은 현관문 반대쪽에 숨어서 숨을 죽인 채 가만히 서 있었다. 벌어진 틈으로 탐색하고 있는 만프레드의 시선이 느껴졌다.

거실에 있던 줄리아는 다시 탁자를 건드려 보려고 손을 앞으로 뻗었다.

만프레드는 뭔가가 이상하지만 뚜렷한 확신이 없다는 듯 얼굴을 찌푸렸다. 오블리비아 뉴턴은 허리에 두 손을 얹고 거울 지붕 쪽을 쳐다보았다.

"저기부터 시작하자고. 저 우스운 지붕이 물을 데운대! 그런데 이 시끄러운 소리는 뭐지? 이봐, 저 새들은 뭐야? 부엉이? 푸아, 기분 나쁜 새들이군! 빨리 크레인 가져와요. 아니면 우리가 어깨로 밀어야 하는 거예요?"

만프레드는 현관문의 상태를 조사했다. 한 손을 대자마자 현관문이 뿌지직 소리를 냈다.

"어깨로 밀 필요도 없어요. 저절로 떨어져 나가는걸요."

만프레드가 말했다. 릭과 제이슨은 숨을 멈추었다.

줄리아는 계단 위쪽으로 눈을 들었다. 계단 맨 위에 밝은 깃털의 커다란 부엉이가 나타나 석상처럼 앉아서 줄리아를 내려다보고 있었다.

줄리아가 둥근 탁자를 손으로 건드렸다. 그리고……

"이거나 받아라!"

갑자기 릭이 소리쳤다. 그리고 현관문에 몸을 대고 만프레드 쪽으로 세게 밀었다. 만프레드가 문을 막으려고 두 손을 들었다. 오블리비아 뉴턴의 날카로운 비명 소리가 들렸다.

제이슨은 단번에 친구의 계획을 알아차리고 미는 것을 도왔다. 절망적인 소리를 내며 현관문 경첩이 떨어져 나갔고 문이 만프레드의 머리 위로 쓰러졌다.

계단 위에 있던 부엉이가 위로 날아오르다가 거실을 향해 내려왔다.

"가자, 빨리!"

제이슨이 누나를 눈으로 찾으며 소리쳤다. 그러다가 자신을 향해 돌진하는 부엉이의 둥근 얼굴과 마주쳤다.

"이게 뭐야? 가자! 달아나! 들키면 끝장이야!"

줄리아는 여전히 탁자 옆에 서 있었다. 줄리아는 손으로 탁자를 만져 보았다. 먼지 쌓인 탁자는 몹시 차가웠고 꼼짝도 하지 않았다. 줄리아는 넋이 나간 듯 부엉이를 바라보았다. 부엉이는 날개를 펼치고 현관문 쪽으로 내려오고 있었다.

릭과 제이슨이 순식간에 줄리아가 있는 곳으로 왔다.

"부엉이…… 탁자…… 그리고…… 계단 위에서 나타났어."

제이슨이 중얼거리는 줄리아를 거칠게 잡아당겼다.

"빨리 빠져나가야 해, 줄리아! 들키기 전에 빨리! 여기서 머뭇거리면 안 돼! 저 여자는 무슨 짓이든 할 수 있는 여자야."

부엉이는 먼지가 이는 현관문 쪽으로 사라져 버렸고 이제 부엉이 울음소리는 뜰에서 들리는 오블리비아 뉴턴의 비명 소리와 섞여서 들렸다.

아이들은 거실 밖으로 달려 나갔다. 그런데 밖으로 나가기 직전에 릭은 흘깃 거실을 돌아보았다. 부엉이 탁자 옆의 먼지 쌓인 바닥에 둥근 자국 세 줄이 선명하게 나 있는 것을 보았다.

마치 탁자가 자기 다리로 걸어서 옆으로 움직인 것 같았다.

제 12 장
모든 것은 움직인다

세 아이는 문밖으로 달려갔다. 그리고 철문 앞에 이르러 키 큰 수풀 속에 몸을 숨겼다. 아이들은 경계의 눈으로 주변을 둘러보며 혹시 누군가가 자기들을 본 건 아닌가 살폈다.

그 순간 크레인이 움직이는 소리가 들렸다. 아이들은 아무 말 없이 거울의 집을 바라보다가 갑자기 몰려오는 무력감에 사로잡혔다.

바로 그때 이상한 일이 벌어졌다. 부엉이 떼가 구름같이 모여 지붕을 에워싸고 빙빙 돌았다.

"저렇게 많은 부엉이가 한데 모여 있는 건 처음 봐!"

"몇 마리나 될까?"

"지금 뭘 하는 거지?"

요란한 소리와 강렬한 햇빛에 당황한 부엉이들은 집 주위를 미친 듯이 날아다녔다. 새들은 3층 창에서 나와 구슬프게 울면서 뜰에 내려앉았다.

오블리비아 뉴턴이 비명을 질렀다.

"꺼져! 썩 꺼져라, 이 부엉이들아!"

"자기들의 집을 지키려고 저러는 것 같아."

릭이 말했다. 크레인의 모터가 계속 돌아갔다.

"정말 집을 무너뜨리는 걸까?"

"우리가 막아야 해!"

"가자, 빨리! 난 이런 것 보기 싫어. 우리가 할 수 있는 건 아무 것도 없어. 지금 들키면 너무 위험해."

줄리아가 서둘러 그 자리를 떠나며 말했다.

제이슨과 릭은 울부짖는 부엉이들 속에서 서서히 움직이기 시작하는 크레인을 지켜보았다.

"오블리비아 뉴턴하고 저 크레인 만든 사람한테 벼락이나 떨어져라!"

쇠공에 맞아 집이 무너지는 소리가 들리기 시작하자 제이슨이 으르렁거리듯 말했다.

줄리아는 귀를 틀어막으면서 비명을 질렀다.

"안 돼!"

"지붕을 공격하고 있어!"

"우리가 어떻게든 해 보자!"

제이슨이 제안했다.

그렇지만 아이들은 온몸이 마비된 듯 그 자리에 서 있을 수밖에 없었다. 쇠공이 공격을 가할 때마다 심장이 멎는 것 같았다. 마침내 아이들은 자신들이 아무것도 할 수 없다는 생각에 항복할 수밖에 없었다. 오블리비아 뉴턴이라는 여자와 만프레드는 너무나 위험한 인물이었다. 그리고 자신들은 세 명의 어린아이에 불과했다.

아이들은 숨겨 놓았던 자전거를 다시 찾았다. 그리고 등 뒤에서 들리는 소리에 신경을 쓰지 않으려고 하면서 페달을 밟았다.

제이슨은 분노로 얼굴이 파랗게 질려 있었다. 릭은 자기가 만프레드를 쓰러뜨렸다는 사실에서 위안을 찾아보려 했다. 줄리아는 혼란스럽고 슬펐다.

언덕 위의 풍력 발전기들은 크레인의 급습에 놀란 듯, 그리고 이제는 돌아야 할 목적을 잃어버린 듯 멈춰 버렸다. 발전기 위에 부엉이가 한 마리씩 앉아 있었다.

"저 여자의 집을 무너뜨리고 싶어!"

세 아이가 거울의 집에서 멀리 떨어져 안전한 장소에 자전거를 세워 놨을 때 줄리아가 울먹이듯 말했다. 아이들은 바닥에 앉아 풀잎들 사이로 보이는 깊고 고요한 바다를 바라보았다.

"뭘 어떻게 하고 싶은지는 정확히 모르겠지만 뭐든 하고 싶어. 누군가가 저 사람들을 좀 막아 줬으면 좋겠어! 마녀 같은 오블리비아 뉴턴이 벌을 받았으면 좋겠어!"

줄리아는 돌멩이를 하나 집어 있는 힘껏 멀리 던졌다. 릭이 남아 있던 마지막 물을 나눠 주었다. 물은 미지근하고 텁텁했다. 제이슨은 입에 긴 풀줄기 하나를 물고서 잘근잘근 씹었다.

잠시 후 제이슨이 말했다.

"지도에 대한 우리 생각이 맞았어."

릭이 그 옆에서 말했다.

"문에 대해서도. 문은 빌라 아르고와 비글스 부인 집에만 있는 게 아니야. 다른 문도 수없이 많고 거울의 집에도 숨겨져 있어."

"우리가 그 지도를 다시 찾아서 문이 몇 개나 있는지 알아내야 해. 어디에 있는지. 무엇에 쓰이는지."

입을 열어 말하지는 않았지만 지금 무너지고 있는 거울의 집으로 다시 돌아가고 싶은 생각은 들지 않았다. 또한 원래의 계획대로 오블리비아 뉴턴의 집으로 갈 용기도 생기지 않았다. 집을 무너뜨리는 광경을 목격함으로써 그 여자가 얼마나 잔혹한 여자인지를 새롭게 알게 된 것 같았다.

"오블리비아 뉴턴은 왜 그렇게 새로운 문을 찾는 걸까? 비글스 부인 집에 있는 문만으로는 안 되나?"

제이슨이 두 손으로 머리를 감쌌다.

"몰라! 난 이제 아무것도 모르겠어! 오블리비아 뉴턴이 누군지, 뭘 원하는지, 그 문들이 뭔지, 몇 개인지, 어디에 있는지, 어떤 빌어먹을 것에 쓰이는지! 젠장! 왜 우릴 도와주는 사람은 아무도 없지?"

제이슨이 씹고 있던 풀을 집어 던지고 다른 풀을 뽑으려 했다. 하지만 잘 뽑히지 않았다.

"내가 도와줄까?"

줄리아가 웃으며 물었다.

제이슨은 풀을 뽑느라 손가락 피부가 벗겨졌다. 뽑은 풀이 너무 굵기는 했지만 그래도 제이슨은 이로 깨물었다.

갈매기 한 마리가 끼룩끼룩 울며 아이들의 머리 위에 떠 있었다. 그 갈매기처럼 릭은 자기 생각에 깊이 빠져 입을 열 수도, 몸을 움직일 수도 없는 사람 같았다.

"난 그 집 주인을 알아."

마침내 릭이 입을 열었다.

"킬모어 코브의 시계공이었어. 처버 스위트 골목에 시계방이 있었어. 예전에 아버지하고 그 가게에 가 본 적 있어. 내가…… 내가 학교에 입학하던 날이었어. 아버지와 난 걸어서 가게까지 갔어. 아울 클록 표지판 위에 그려진 그림을 어디서 봤는지 이제야 기억이 났어. 주둥이에 시계를 물고 있는 하얀 부엉이 말이야. 바로 그 시계방 간판이었어. 간판 그림 밑에는 이렇게 적혀 있었지."

피터 다이달로스 : 시계, 시계추, 못 쓰는 시계

제이슨이 씹던 풀을 뱉어 버렸다.

"문 위에는 작은 종이 매달려 있어서 문을 열 때마다 소리가 났어."

릭이 계속 기억을 떠올렸다.

"지금은 집집마다 그런 종이 있지만 그때는 그런 게 있는 곳이 그 시계방밖에 없었어. 나는 종소리를 들으려고 몇 번이나 문을 열었다 닫았다 했어. 결국 아버지가 나를 잡아끌어 진열장까지 데리고 갔지. 진열장은 굉장히 높았어. 그 안에는 시계밖에 없었어. 작은 시계, 큰 시계, 어머어마하게 큰 시계. 모양도 색깔도 가지각색이었어. 모두 다른 째깍째깍하는 소리를 냈어. 피터 다이달로스는 가게 안쪽에 있었어. 내 생각에 커튼이 쳐져 있었던 것 같은데, 커튼 뒤에서 음악이 들려왔어. 한 번도 못 들어 본 음악이었지만 지금도 아주 선명하게 기억에 남아 있어."

"피터 다이달로스라는 사람은 어떤 사람이었는데?"

"난 시계에 너무 정신이 팔려 있어서 말이야……. 그런데 잘 기억해 보면 키가 아주 작고 코가 길었어. 더러운 셔츠를 입고 있었는데, 우리를 보고 활짝 웃었지. 아버지가 이렇게 말씀하셨던 게 생각나. '안녕하세요, 피터. 내 아들을 데리고 왔어요.' 그리고 내게 말씀하셨어. '릭, 피터 아저씨에게 인사드려라.' 그러자 피터 다이달로스가 내게 시계에 대해 설명을 해 주었어. 입학 선물로 시계를 사려고 그 가게에 간 거였거든. 아버지는 똑똑한 아이들은 모두 시계를 하나씩 가지고 있어서 학교에 지각하지 않는다고 하셨어. 그래서 내게도 하나 선물하시려는 거였어."

릭은 자전거에 달아 놓은 손목시계를 풀어서 쌍둥이에게 보여 주었다.

"이제 시곗줄이 너무 짧아서 손목에 찰 수가 없어졌어. 피터 아저씨가 없으니 바꿔 줄 사람도 없고."

그것은 시계 문자판 가운데에 하얀 부엉이 그림이 있는 멋진 시계였다. 부엉이 그림 밑에는 그것을 만든 사람의 머리글자인 P. D.가 새겨져 있었다.

"정말 예쁜데."

줄리아가 말했다.

지금까지 한 번도 시계를 차 보지 않은 제이슨은 시계를 손에 올려놓고 무게를 어림해 보았다.

"가볍기도 하네."

릭이 어깨를 으쓱했다.

"1초도 틀리지 않아. 피터 아저씨는 정말 정확하게 일을 하는 사람이었거든."

그 순간 세 아이는 피터 다이달로스의 집에서 일어나고 있는 일이 떠올라 공포에 사로잡혔다.

"누구에게든 알려서 저 사람들을 막아야 하지 않을까?"

줄리아가 이렇게 말을 꺼냈다. 릭이 시계를 다시 받아 들며 상기시켰다.

"누구에게? 오늘은 일요일이야. 그리고 피터 다이달로스의 집에서 무슨 일이 일어나든 아무도 관심이 없을걸. 가엾은 피터 아저씨!"

"왜? 무슨 일이 있었는데?"

"아무도 몰라. 어느 날 사라져 버렸어. 우리 엄마에게 들은 바로는 그래."

"아무에게도 알리지 않고 사라져 버렸고 그걸로 끝이라는 거야?"

"응. 가게를 그대로 두고 사라져서 다시는 돌아오지 않았어."

제이슨은 직감적으로 피터에게 무슨 일이 일어났는지 알 수 있을 것 같았다.

"문을 발견한 거야."

"어떻게?"

"어느 날 피터 다이달로스가 자기 집에서 문을 발견한 거지. 그래서 문을 열었고 다시는 돌아오지 않았어. 이게 그에게 일어난 일이야."

단순 명료하면서도 믿기 어려운 일이었다.

제이슨이 자리에서 일어났다. 배에서 꼬르륵 소리가 났다.

"시계 이야기를 했으니 말인데, 지금 몇 시니?"

"세 시 반."

"뭘 좀 먹는 게 어때?"

그렇지만 줄리아는 아직도 릭의 이야기에 빠져 있었다.

"그럼 가게는? 아직 있니?"

"물론 아직 있지."

제 13 장

생존자

학교

오블리비아 뉴턴이 만프레드에게 다가가며 투덜거렸다.

"이게 네 한계야! 넌 어떻게 늘 잘못되는 순간에 잘못된 장소에 있는 거지?"

키클롭스의 인부들은 만프레드가 현관문의 잔해 속에서 빠져나오도록 도와준 뒤 누울 수 있게 시트를 준비해 주었다. 그러나 만프레드는 환자 취급을 받고 싶지 않았다. 그래서 안간힘을 써서 자리에서 일어나 철거 작업을 계속 지켜보았다. 옷에는 흙과 나뭇조각이 달라붙어 엉망이 되었다. 코에서는 다시 피가 나기 시작해서 손수건으로 계속 코를 누르고 있어야 했다. 무엇보다 심각한 것은 선글라스가 다시 깨져 버렸다는 것이었다.

만프레드는 오블리비아 뉴턴 쪽으로 돌아서며 알아들을 수 없는 말을 중얼댔다.

"대체 네 머릿속에 뭐가 들어 있는지 누가 알겠니? 그런 문에 깔리다니! 문에 깔려 죽을 수도 있었어!"

오블리비아 뉴턴이 더욱 화를 냈다.

"전 튼튼합니다."

만프레드가 대답했다. 나뭇조각이 엄지손가락 손톱 밑에 박혀서 손을 움직일 때마다 욱신욱신 쑤셨다.

"그리고 이건 제 잘못이 아닙니다."

"또 그 목소리 이야기야? 저 기분 나쁜 새들이 꾸륵거리는 소리를 들은 거라니까!"

오블리비아 뉴턴이 비웃었다.

"문이 떨어지기 전에 집 안에서 사람 목소리가 들렸어요."

"뭐라고 했는데? 어디 한번 들어 보자."

"이거나 받아라!"

만프레드는 갑자기 울화가 치밀었다.

쇠공을 단 크레인이 거울의 집 지붕을 공격했다. 키클롭스의 인부들은 뜰에서 크레인을 정확하게 운전하고 있었다. 인부들은 모두 안경을 쓰고 있었고 귀를 보호해 주는 검은 플라스틱 헤드셋을 착용했다.

태양 전지 판이 차례로 하나씩 부서졌다. 가끔 크레인 기둥이 흔들리며 쇠공이 벽과 집의 버팀목에 가서 부딪치기도 했다. 쇠공이 공격하는 소리는 천둥소리 같았다.

기분이 좋아진 오블리비아 뉴턴은 두 팔을 크게 흔들었다.

"정말 굉장한 광경 아니야?"

오블리비아 뉴턴은 이상한 물건들이 가득 든 여행용 배낭을 두 다리 사이에 끼고 있었다.

"엄청 굉장해요."

손수건으로 코를 누른 채 만프레드가 툴툴거리며 대답했다.

그때 쇠공이 집의 한 모퉁이에 박혔고 인부들은 쇠공을 빼내

느라 당황하기 시작했다. 그러자 갑자기 삐거덕거리는 소리가 나더니, 거울의 집 전체가 서서히 회전하기 시작했다. 집 안 어딘가에 있는 비상 장치가 작동하는 것 같았다. 쇠공이 그 장치를 건드려 집이 돌아가게 된 듯했다.

"이 무능력하고 한심한 인간들! 회전할 수 있다고 했잖아!"

오블리비아 뉴턴이 소리쳤다.

거울의 집이 돌아가자 크레인의 쇠사슬들이 팽팽해지기 시작했다. 키클롭스의 인부들은 점점 더 당황했다.

"문제가 생길 거라 예상했지."

만프레드가 말했다. 그리고 속으로 이렇게 생각했다.

'집이 계속 돌아가면 쇠사슬이 끊어지거나 크레인이 뒤집어질 거야. 오토바이를 반대편에 세워 놓은 게 천만다행이야.'

끔찍한 소리가 났다. 오블리비아 뉴턴은 손으로 눈을 가렸다.

"어떻게 내 주위에는 쓸모없고 무능력한 인간들뿐인 거지?"

오블리비아 뉴턴이 소리치는 사이 크레인은 회전하는 거울의 집에 끌려 옆으로 기울어지더니 결국 땅에 쓰러지고 말았다.

언덕 위에서 풍차들이 소용돌이치듯 다시 돌기 시작했다.

제 14 장
시간을 기록하는 문

처버 빵집

처버 스위트 골목(Chubber Sweet Lane) 모퉁이에는 '처버'라는 이름이 붙은 빵집이 있었다. 빵집의 진열장은 두 개였는데 하나는 좁은 골목 쪽으로, 다른 하나는 윌리엄 5세의 기마상이 있는 광장 쪽으로 나 있었다.

진열장에 쳐진 레이스 커튼이 빵집의 보물들을 지켜 주었다. 한쪽 진열장에는 크림 카놀리(귤, 초콜릿, 달콤한 크림 등을 파이 피로 싸서 튀긴 것: 옮긴이), 설탕이 덮인 빵과 작은 버섯 모양의 초콜릿 과자들이 죽 진열되어 있었다. 안으로 들어가면 카카오, 바닐라, 계피, 설탕 냄새가 코와 옷을 흠뻑 적셔 아무리 무뚝뚝한 손님이라 해도 달콤한 미소를 짓지 않을 수 없었다.

줄리아와 제이슨, 릭은 건포도를 넣은 스콘과 딸기 슈크림, 초콜릿 브리오슈(밀가루, 버터, 달걀, 이스트, 설탕을 넣어 만든 달콤한 빵: 옮긴이) 한 쟁반 덕택에 다시 마음의 평화를 되찾았다. 아이들은 피터 다이달로스 시계방 간판 앞에서 빵을 먹었다. 쟁반을 서로에게 건네주며 부스러기 하나까지 다 긁어 먹었다.

릭은 시계방을 보았다. 주둥이에 시계를 문 부엉이는 아직도 그대로였지만 가게의 유일한 진열창은 두꺼운 널빤지를 박아 놓아서 작은 틈 하나 보이지 않았다. 가게의 출입문은 묵직해 보였으며 철책으로 보강이 되었고 문 가운데에 복잡하고 희한한 열쇠가 달린 나무 판이 붙어 있었다.

출입문에는 이런 팻말이 매달려 있었다.

영업 중지
다시 만날 수 없는 가격에 물건 직거래
전화 ***7480020
(뒤쪽으로 들어오세요.)

세 아이는 손가락에 묻은 초콜릿을 마지막으로 핥은 뒤 팻말에 적힌 대로 했다. 돌로 된 아치와 어두컴컴한 길을 지나, 가게 뒤쪽의 조그만 뜰로 들어갔다. 이곳에서 아이들은 너무나 현대적인 문을 발견했다. 그 문이 달린 벽은 최근에 시멘트로 쌓아 다른 건물과는 전혀 어울리지 않았다. 마치 누군가가 뒤쪽으로 가게 안에 들어가려고, 그리고 다른 사람들은 가게에 접근하지 못하게 하려고 이런 문을 만든 것 같았다.
"대단하군."
제이슨은 문이 열쇠로 잠긴 것을 확인하고는 투덜댔다.
"이쪽으로는 들어갈 수 없어."
아이들은 다시 앞으로 돌아가 출입문에 매달린 열쇠를 살펴보았다.
"피터 아저씨가 발명한 장치인가 봐. 피터 아저씨는 이런 희한한 장치들을 만드는 걸로 유명했거든."

릭이 계속 설명했다.

"소문에 따르면 다양한 임무를 수행할 수 있는 정밀 기계 만드는 걸 좋아했대. 악보를 베낄 수 있게 움직이는 팔이라든가, 달걀이 다 삶아졌을 때 달걀을 꺼내는 손이라든가, 혼자 움직이는 로봇 같은 것 말이야."

"거울의 집에 있던 부엉이 탁자 같은 것도!"

줄리아가 외쳤다.

"누나, 제발 그 탁자 이야기는 그만 집어치우는 게 어때?"

"제이슨, 네 누나 말이 맞을지도 몰라."

릭이 끼어들어 줄리아를 두둔했다.

"우리 엄마는 저절로 움직이는 의자가 있는 식당을 꿈꾸곤 했어. 그런 의자가 있으면 식사를 차리고 치우는 데 아주 쓸모가 있을 거라고 말이야."

아이들은 그런 광경을 상상해 보고는 낄낄거렸다.

출입문 한가운데에 붙은 나무 판은 정말 독창적이었다. 열쇠를 집어넣을 만한 구멍은 없었다. 나무 판에는 움직이지 않는 긴 바늘이 두 개 달린 시계, 만세력(앞으로 백 년 동안의 천문과 절기를 추산하여 밝힌 책: 옮긴이)이 들어 있는 반달, 오른쪽과 왼쪽에 금속 고리가 하나씩 달려 있었다.

제이슨은 오른쪽 고리를 돌려 보았다. 그러자 다른 것들도 작동한다는 것을 알게 되었다. 시곗바늘이 따라 움직였다. 왼쪽 고리는 태엽을 감는 데 쓰이는 것이었다.

"피터 아저씨의 기계들은 항상 완벽했어."

릭이 기분 좋은 듯 말했다.

"지금 몇 시지?"

제이슨이 물었다.

"4시 15분."

"안으로 들어가려면 정확히 시간을 맞추고 태엽을 감으면 될 것 같은데……."

제이슨이 시곗바늘을 4시 15분에 맞추고 왼쪽 태엽 고리를 몇 번 돌렸다.

문은 움직이지 않았다.

"태엽을 완전히 다 감아야 할지도 몰라."

줄리아가 자기 생각을 말했다. 제이슨은 빨개진 손가락 끝을 보여 주었다.

"누나가 좀 해 볼래? 손가락이 빠질 것 같아."

"내 손가락도 빠지면 어떻게 해."

"여기 오자고 한 건 누나잖아!"

줄리아가 허리에 손을 갖다 댔다.

"아, 그래? 안 그랬으면 넌 어떻게 할 생각이었는데? 혹시 더 좋은 계획이라도 있었니?"

"빌라 아르고로 가서 네스터 할아버지와 이야기를 나누었을 거야. 어쩌면 네스터 할아버지는 이 피터 다이달로스라는 사람과 거울의 집에 대해서 뭔가를 알고 있을지도 몰라. 또 문이 어떤 역할을 하는지, 문을 숨긴 사람이 누구인지도. 이것에 대해서는 어떻게 생각해? 문을 숨긴 사람은 누구일 것 같아?"

"율리시스 무어?"

줄리아가 대담하게 말했다.

"아니야! 율리시스 무어는 문을 찾을 수 있는 단서들을 우리에게 남겨 두었어. 그는 문을 숨기지 않았어. 오히려 우리가 그것들을 찾길 바라지!"

줄리아는 잠시 그 문제에 대해 생각을 하며 제이슨이 태엽을 다 돌릴 때까지 기다렸다. 그러나 아무런 변화도 없자 말했다.

"그래도 문이 열리지 않네."

그런데 잠시 후 시곗바늘이 째깍째깍 소리를 내더니 서서히 돌아가기 시작했고 만세력도 움직였다. 마침내 시곗바늘이 다른 시간을 가리켰고 만세력도 다른 해를 가리켰다. 1206년이었다.

제이슨은 그 숫자가 맞춰야 할 시간을 암시한다고 확신했다. 1206년은 시간으로 읽을 수도 있었다. 그러니까 12시 06분으로. 제이슨은 시계 문자판의 바늘을 그렇게 맞춰 놓고 다시 태엽을 감았다.

이번에도 시곗바늘이 빠르게 움직였고 만세력은 새로운 숫자 334를 만들어 냈다.

"못하겠어!"

제이슨이 포기를 했다.

"이건 정말 너무해! 비밀 메시지를 풀고 타로 카드를 연구하는 것까지는 좋아. 하지만 이렇게 숫자를 가지고 어떻게 해 보라고는 하지 마."

"그래! 팻말에 있는 전화번호로 전화해 보자! 누군가가 와서 문을 열어 줄지도 몰라."

릭이 말했다.

줄리아도 동의했다.

"좋은 생각이야! 전화를 걸 수 있는 가게를 찾아보자."

"물론 읽기 시작했죠, 칼립소 부인."

잠시 후 서점 안에서 줄리아는 대담하게 거짓말을 했다.

"정말 좋은 책을 저희에게 권해 주셨어요!"

칼립소는 세 아이를 차례차례 살펴보다가 릭한테서 눈길을 멈추었다.

"너도 그렇게 생각하니, 릭 배너?"

"아…… 물론 그렇죠……."

릭이 얼버무렸다.

"내가 장담하는데 넌 너에게 읽으라고 한 책 제목도 기억하지 못할걸."

칼립소 부인은 파란 치마의 주름을 펴면서 릭을 몰아붙였다.

릭은 자존심에 상처를 입고 차렷 자세로 뻣뻣하게 서 있었다.

"아니에요! 똑똑하게 기억하고 있어요. 그러니까…… 그 책 제목은……."

아무리 애를 써 봐도 책에 대한 정보는 기억 속에 전혀 남아 있지 않았다.

"뭐지?"

"진실을 알고 싶으세요, 칼립소 부인?"

줄리아가 한숨을 쉬며 끼어들었다.

릭의 얼굴이 홍당무처럼 빨개졌다. 정말 더할 나위 없이 바보처럼 굴었다. 무슨 이런 일요일이 있담! 릭은 자신이 진짜 자기 같지 않았다. 현실적이고 꼼꼼하고 정확하던 릭 배너는 어디로 갔단 말인가?

"사실은, 칼립소 부인……."

릭은 눈을 크게 뜬 채 처음에는 줄리아를, 그다음에는 제이슨을 쳐다보면서 말을 시작했다.

"어제 저녁에 다른 책을 마저 읽어야 했거든요. 그래서 새 책을 펴 볼 수가 없었어요. 아시겠지만 책을 읽다가 중간에 멈추는 건 아주 싫은 일이잖아요."

"다른 책이라고?"

칼립소 부인이 손뼉을 치면서 기절하는 시늉을 했다.

"그럼 어디 들어 보자. 지난밤 내내 네 마음을 빼앗았던 책이 어떤 거니?"

릭이 턱을 들고 말했다.

"〈사라진 지도와 악어〉예요. 고대 이집트 파라오인 투탕카멘이 '생명의 집' 안에서 길을 잃는다는 이야기예요. '생명의 집'은 벽감들로 가득 차 있는 일종의 거대한 미궁 같은 곳인데 그 안에는 없는 것 없이 온갖 물건이 다 보관되어 있어요. 거기서 투탕카멘은 살인마인 악어의 추격을 받아요. 악어는 투탕카멘보다 먼저 지도를 찾아내려고 해요. 그렇지만 투탕카멘은 파라오이기 때문에 푼트의 모든 관리들이 악어를 포위해서 결국 젊은 파라오를 구한답니다. 푼트는 고대 이집트 인에게 아주 중요한 땅이에요."

칼립소 부인이 다시 똑바로 서서 말했다.

"재미있을 것 같구나."

"굉장히 재미있어요. 읽고 싶으시다면 제가 빌려 드릴게요."
다행히 칼립소 부인은 릭의 설명에 만족하는 것 같았다.
"이제 저희가 전화 한 통만 써도 되죠?"
줄리아가 순진한 표정으로 물었다.

검은색 전화기는 계산대 뒤에 있었다. 줄리아는 수화기를 들고 피터 다이달로스 가게의 팻말에 적혀 있던 숫자를 돌렸다. 줄리아에게서 몇 발 떨어진 곳에서 칼립소 부인이 두 남자 아이에게 〈세기〉라는 제목의 소설을 보여 주었다. 서점 주인의 말에 따르면 놓쳐서는 안 될 책이었다.

수화기 너머에서 누군가가 전화를 받기를 기다리는 동안 줄리아는 계산대 주위의 책꽂이에 메모되어 있는 글들을 무심코 읽었다. '한 번도 꺼내 보지 않은 책', '교환해야 하나 교환 불가능한 책', '일주일 내에 정리해야 할 책', '선물할 책' 등.

계산대 아래쪽 책꽂이에는 물음표 표시가 된 책들이 몇 권 있었다. 빨간 벨벳으로 책등이 덮이고 커다란 물음표 세 개가 표시된 책을 보자 줄리아는 호기심이 생겼다.

줄리아는 전화선을 당기며 가까이 다가가서 무슨 책인지 살펴보았다. 포켓판의 낡은 책인데, 오랜 세월이 흐른 탓에 종이가 누렇게 되고 구겨져 있었다. 표지에는 작은 문 사진이 박혀 있었다. 그러나 줄리아의 숨을 멎게 한 것은 바로 제목이었다.

이상한 여행자 : 킬모어 코브와 그 주변에 관한 작은 안내서

줄리아는 아무도 자기에게 신경 쓰지 않고 있는 것을 확인했다. 칼립소 부인은 고전 전집을 정리하는 중이었고 제이슨과 릭은 그림이 많은 책을 아무렇게나 넘기고 있었다.
줄리아의 심장이 빠르게 고동쳤다. 전화선 건너편에서는 아직 아무도 전화를 받지 않았다. 줄리아는 귀와 어깨 사이에 수화기를 끼우고 책 쪽으로 팔을 뻗었다. 책을 펴 보려고 했다. 아직 아무도 읽어 보지 않은 듯했다. 이제 호기심을 더 이상 누를 수 없었다.
줄리아는 책을 책꽂이에서 빼냈다. 표지를 열자 종이가 한 장 미끄러져 나왔다. 줄리아는 종이를 집으려고 몸을 움직였다. 하지만 허리를 구부리다가 그만 수화기를 놓치고 말았다. 전화기가 요란한 소리를 내며 떨어졌다.
"무슨 일이니?"
칼립소 부인이 물었다.
줄리아는 순식간에 모든 일을 처리했다. 재빨리 종이를 주워 주머니에 넣고 책을 다시 책꽂이에 꽂고 수화기를 들고 스프링

처럼 일어섰다. 그런 뒤 정말 착한 소녀같이 순진무구한 표정으로 웃었다. 그리고 마음을 가라앉히려고 애쓰면서 아무도 전화를 받지 않는 수화기에 대고 거짓으로 말했다.

"여보세요? 예, 안녕하세요. 예…… 피터 다이달로스 가게 문제로 전화드렸어요. 예, 그렇죠. 킬모어 코브에 있는 가게요. 하. 하. 하. 알겠습니다. 그럼요, 아무것도 아닌데요, 잊어버리세요. 어쨌든 감사합니다."

줄리아는 도마뱀처럼 재빠르게 수화기를 내려놓고 곁눈질로 책이 제자리에 잘 꽂혔는지 살펴보았다. 그리고 계산대를 돌아나와 제이슨과 릭이 있는 곳으로 갔다. 그러는 동안에 한순간도 멈추지 않고 칼립소 부인에게 미소를 보냈다.

"어떻게 됐어?"

제이슨이 물었다.

"아무 소득도 없어. 청소부밖에 없었어. 문을 안 열었대."

"맙소사, 오늘 일요일이잖아! 먼저 그 생각을 했어야 하는데."

"으음……."

줄리아가 초조하게 주위를 둘러보며 이런 소리를 냈다. 제이슨과 릭은 밖으로 나가자는 신호임을 바로 알아차렸다. 그래서 칼립소 부인에게 인사하고 서점을 떠났다.

칼립소 부인은 제자리에 서서 진열창 너머로 아이들을 지켜보았다. 그러다가 휘파람을 불면서 영국 고전 문학 전집 정리를 마쳤다.

몇 분 뒤 '칼립소의 섬'에 머리에 모자를 쓰고 하얀 여행용 신발을 신은 중년 부인이 들어왔다. 부인은 망설임 없이 책꽂이로 다가가서 빨간 표지의 책을 골랐다.

"이 책이요."

"정말 잘 고르셨어요."

칼립소 부인이 계산을 하러 갔다.

낡은 계산기가 추시계처럼 똑딱거리며 움직였다. 계산기 위에 있던 조그만 철제 인형이 예의 바르게 모자를 들어 올렸다. 그러자 인형의 발밑으로 계산서가 인쇄되어 나왔다.

"여기 있습니다."

칼립소 부인이 영수증을 내밀며 말했다.

"정말 예쁘네요! 아주 오래된 것 같군요."

"예, 그래도 성능은 완벽하답니다. 이 마을 장인이 만든 거랍니다."

칼립소 부인이 둥근 황동 자판을 어루만지며 대답했다.

"그럼 정말 견고하겠군요! 하지만 얼마 안 있으면 관공서 직원이 와서 기계를 바꿔야 한다고 할 거예요. 몇 가지 이상한 관료적인 원칙을 지켜야 한다고 하면서……."

"그럴 수도 있겠지요."
칼립소 부인이 미소를 지으며 덧붙였다.
"그렇지만 그 전에 관공서 직원이 나를 찾아내야 하겠죠!"
칼립소 부인이 벽에 걸린 전화 발신 기록기를 본 것은 바로 그 때였다.
'이상하네. 그 애가 전화를 했는데도 발신 횟수가 그대로네.'

줄리아는 '칼립소의 섬'에서 나오자마자 달리기 시작했다. 줄리아는 처버 스위트 골목에 도착해서야 멈춰 섰다. 제이슨과 릭이 왜 그렇게 서둘렀는지를 묻자 주머니에서 완전히 구겨져 버린 종이를 꺼냈다.
"이걸 어디서 찾았어?"
"오래된 킬모어 코브 안내서 안에서!"
종이 한쪽에는 연필로 스케치한 그림이 있었는데, 터널에서 나오는 기차였다. 그림 밑에는 이렇게 적혀 있었다.

터널을 지나고 나면 기찻길에 무슨 일이 벌어질까?

종이 뒤에는 또 다른 스케치가 있었는데 바로 아이들이 그날 아침에 지났던 광장의 기마상이었다. 누군지 모를 스케치의 주인공은 이번에는 이렇게 써 놓았다.

??? 윌리엄 5세라는 왕은 영국에 존재하지 않았다!

"이게 무슨 말이지? 장난인가?"
릭이 소리쳤다. 손이 떨리기 시작했다.
"이 왕의 이야기가 진짜인지 아닌지 모르겠어……. 난 역사에 자신 없거든."
줄리아가 말했다.
"존재하지도 않는 왕의 동상을 왜 세웠단 말이야?"
"그건 그렇고 왕이 네스터 할아버지를 닮은 것 같지 않아?"
제이슨이 이렇게 농담을 해서 두 아이를 웃겼다.
"기찻길 얘기는 뭐지? 터널을 지난 뒤 벌어지는 일이 뭘까?"
릭이 고개를 저었다.
"아무것도 모르겠어. 그렇지만 알아보러 갈 수는 있어. 기차 터널은 자전거로 5분만 가면 있어."
제이슨이 다시 피터 다이달로스 가게의 출입문 앞에 섰다.
"그렇지만 먼저 이 가게 안에 들어가 봐야 해!"
"어떻게? 이 장치는 어떻게 해도 열릴 기미가 보이지 않아."
"너희, 그렇게 생각해?"

제이슨은 누나의 발견 덕분에 희망이 생겨났다. 율리시스 무어가 그들을 버리지 않은 것 같았다. 그뿐만 아니라 그들과 이야기를 하고 싶어 하는 것 같았다.

"이게 뭐에 쓰이는지만 알면 될 것 같은데······."

만세력의 날짜는 제이슨이 태엽을 돌린 뒤로 바뀌지 않았다. 제이슨이 과감하게 말했다.

"이 문을 여는 열쇠는 만세력에 있어. 릭, 빨리 생각해 봐!"

릭은 서둘러 큰 소리로 자기 생각을 말했다.

"334년은 틀린 거야. 하지만 만세력의 날과 달은 맞아. 이건 사실 연도가 아닌 거지. 아마 만세력에 표시된 날짜와 일치하게 시계를 맞춰야 할지도 몰라."

"그건 아까 해 봤잖아. 하지만 아무 소용 없었어."

릭이 계속 말했다.

"그러면 그 숫자들을 다른 숫자들하고 조합해야 해."

"어떤 숫자?"

"예를 들면 우리가 가게에 들어가고 싶어 하는 시간."

"지금 몇 시지?"

"다섯 시. 17:00."

줄리아가 대답했다.

"그러면 1700으로 만들어 놓자. 1000에다가 700. 1700 더하기 334는……."

몇 번을 다시 계산한 끝에 답을 얻었다. 2034.

"좋아, 시계를 20시 34분에 맞춰 보자."

릭이 바늘을 움직였고 제이슨이 태엽을 감았다.

삐거덕!

시계의 문자판이 소리를 냈지만 문은 열리지 않았다. 시계의 바늘들이 제멋대로 움직였다. 만세력이 116을 가리켰다.

"열리지 않아."

줄리아가 한숨을 쉬었다.

"그래도 삐거덕했잖아! 지금까지 '삐거덕!' 소리가 난 적이 한 번도 없었어."

릭이 말했다.

아이들은 그 과정을 되풀이했다. 그사이 1분이 지났기 때문에 1701에 116을 더해 1817을 얻어 냈다.

"18시 17분이야."

릭이 재빨리 시곗바늘을 움직였다. 제이슨이 태엽을 감았다.

그러자 시계의 문자판이 '삐거덕' 소리를 냈다.

"안 열려."

줄리아가 다시 한숨을 쉬었다. 하지만 이번에는 줄리아가 틀렸다.

제 15 장
외눈박이 등대지기

칼립소의 섬

빌라 아르고의 정원에 있던 네스터는 발소리를 들었다. 그리고 등 뒤에서 나타난 그림자를 보았다. 네스터는 깜짝 놀라 뒤를 돌아보았다. 등대지기 레오나르도 미나소의 얼굴이 보였다.

"잘 있었나?"

등대지기가 깊이 울리는 목소리로 인사했다. 레오나르도의 바지는 무릎까지 물에 젖어 있었고 오른쪽 눈은 갈색 가죽 안대로 가려져 있었다.

네스터는 긴장을 풀고 말했다.

"레오나르도! 깜짝 놀랐다네! 어느 쪽으로 왔나?"

"저 계단으로."

레오나르도가 절벽을 가리켰다.

네스터는 돌계단으로 다가가 절벽 아래를 내려다보았다. 빌라 아르고 해변에 정박해 있는 어부들의 작은 배가 보였다. 그래서 어부들에게 손을 흔들어 인사했다.

"어떻게 됐나?"

"아무것도 없네."

레오나르도는 긴 머리가 바람에 흩날리게 내버려 둔 채 오랫동안 빌라 아르고의 정원과 현관을 바라보았다. 레오나르도의 얼굴은 주름투성이 가면 같았다. 두 손은 크고 손가락 마디가 굵었으며 자잘한 상처 때문에 성한 곳이 별로 없었다.

"그동안 많은 시간이 흘렀지."
레오나르도는 네스터에게로 눈을 돌리지 않고 말했다.
"그 아이들은 있나?"
"아무도 없어. 마을로 내려갔어."
"위험하군."
네스터가 갈퀴를 들고 몇 걸음 걸었다.
"나의 선택이 아니야."
"자네가 선택한 거야."
"그 아이들은 똑똑해."
레오나르도가 휘파람을 불기 시작했다. 기분 좋은 휘파람 소리가 바람 소리와 섞였다. 하지만 잠시 후 휘파람 소리는 점점 낮아지더니 구슬픈 노랫가락처럼 되었다.
"그만 해, 레오나르도. 제발. 지금은 아니야. 그만둬."
"그만둬."
등대지기가 네스터의 말을 따라 했다.
"지금이 가장 적당한 때야. 그만둬, 네스터."
"나한테 그 말을 하러 온 건가?"
"집을 다시 보려고 왔네. 그리고 바다 속에서 열쇠를 찾지 못했다는 것도 말해 주려고."
"열쇠를 찾을 가능성은 없었지. 그래도 시도는 해 볼 만했어."

"남자도 없었어."

네스터가 고개를 끄덕였다. 네스터는 아침 일찍 확인을 하러 절벽 사이로 내려갔었다. 네스터 역시 만프레드의 흔적을 찾지 못했다. 틀림없이 물에 빠졌었다. 하지만 바다에서도 바닷가 모래밭에서도 발견하지 못한 것을 보면 그 사악한 여주인 곁에서 얼쩡거리고 있는 것이 틀림없었다.

"고맙네, 레오나르도. 시도는 해 봤으니."

레오나르도가 늠름한 가슴 앞으로 팔짱을 끼었다. 그리고 다시 길게 휘파람을 불었다.

"시도를 해 본 후엔 그만두기로 했었잖아."

까마귀 한 마리가 단풍나무 가지 사이에 앉아서 뚫어지게 두 사람을 지켜보았다.

네스터는 친구를 위에서 아래까지 훑어보았다. 등대지기의 성한 외눈은 까마귀와 같은 색이었다.

"레오나르도, 내 생각에는 말이야……."

거인 같은 등대지기가 입을 쫙 벌리며 이상하게 웃었다. 그리고 씁쓸하게 이런 시를 읊었다.

홀로 남은 왕은 게임에서 패하게 되리.
세 아이와 힘을 모아 승리하려 하나

세 아이의 목숨을 잃게 되리라.

네스터의 얼굴이 하얗게 변했다.
"그건 자네가 즐겨 짓는 예언 시인가, 레오나르도?"
레오나르도가 어깨를 으쓱했다.
"아마도. 자네도 내 직감이 늘 들어맞았다는 거 잘 알지 않나."
"왜 그런 시를 내게 읊었지?"
"이제 게임을 포기하고 거기서 벗어날 때가 됐다는 걸 자네가 알아야 하기 때문이야. 다 끝났어, 네스터. 현실을 받아들여."
"내겐 임무가 있어."
"아니야! 자네에겐 아무 임무도 없어!"
덩치 큰 등대지기가 머리를 사납게 흔들며 분노를 터뜨렸다.
"그리고 그 임무를 어린아이 셋에게 맡길 수는 없어! 생각해 봐! 그 시대는 지나갔어! 우리는 우주를 여행하고 위성 전화와 초소형 컴퓨터가 넘치는 시대에 살고 있어!"
"우린 오블리비아 뉴턴을 쓰러뜨려야 해."
등대지기가 네스터에게 앞가슴이 닿을 정도로 바싹 다가왔다. 등대지기는 집 밖으로 내놓은 탁자를 가리켰다. 오늘 아침 아이들이 식사를 하던 탁자였다.
"아이들은 아니야."

"그렇지만 오블리비아 뉴턴이……."

"자넨 오블리비아 뉴턴에게 화를 내는 게 아니야!"

레오나르도가 격분했다.

"자넨 온 세상에 화를 내고 있어! 지금까지 자네에게 일어난 일만으로는 부족한가? 아니면 벌써 다 잊어버린 건가?"

그렇게 말하면서 레오나르도는 오른쪽 눈의 가죽 안대를 들어 올렸다. 네스터는 눈을 피했다. 차마 레오나르도의 눈을 볼 수가 없었다.

레오나르도는 다시 안대를 제자리로 돌려 놓은 뒤 낮은 목소리로 이야기를 마무리했다.

"우리로 인해 생긴 불행은 이미 충분하다네!"

긴 침묵이 이어졌다. 다람쥐들이 지붕 위에 나타났다가 물푸레나무 가지 위로 뛰어내렸다. 까마귀는 단풍나무를 떠났.

레오나르도는 마음이 진정되기를 기다렸다가 네스터의 어깨에 한 손을 얹었다.

"미안하네. 이렇게 심하게 말하고 싶지는 않았어. 하지만 더 늦기 전에 누군가가 자네에게 해 줘야 할 말이었네. 옛 주인의 임무는 이제 잊어버리게."

네스터는 천천히 고개를 들어 친구의 눈을 보았다.

"내가 하지 않으면 누가 한단 말인가?"

"열한 살짜리 아이들은 더더욱 아니야."

"왜 아니라는 거지?"

"그 애들은 할 수 없으니까. 성공하지 못할 테니까."

네스터가 입술을 깨물었다.

"확신하나?"

"조금 전에 읊어 주지 않았나."

"그건 그냥 시일 뿐이야."

레오나르도 미나소가 한숨을 내쉬었다.

"시에는 진실이 담겨 있어. 그게 아니라면 진실이 대체 어디에 있단 말인가?"

네스터가 어두운 얼굴로 고개를 끄덕였다. 네스터는 레오나르도의 손을 오랫동안 잡고 있다가 작별 인사를 했다.

네스터는 친구가 절벽을 내려가 다시 배에 오르는 것을 지켜보았다. 그리고 손을 들어 어부들에게 인사를 한 뒤에도 한참 동안 그 자리에 서 있었다. 그 옛 정원의 석상처럼.

네스터의 눈이 빛났다. 완전히 혼자가 된 것 같았다.

제 16 장
다시 시작된 게임

시계방의 문이 열리자마자 아이들은 안으로 몰려 들어갔다. 아이들의 등 뒤로 오후의 그림자가 길게 미끄러졌다. 골목은 석양을 받아 황금빛이 되었다.

가게 안은 캄캄한 어둠에 잠겨 있었다. 하지만 출입문에서 비치는 빛 덕분에 가게 안이 몹시 어수선하다는 것을 금방 알아차릴 수 있었다.

제이슨은 릭이 먼저 앞으로 나가게 두었다. 릭은 기억 속에 남아 있는 가게의 모습과 지금의 모습을 맞추어 보려고 애썼다. 가게는 방 하나로 이루어졌고 시계들이 놓인 선반이 있었다. 그 선반 위에 진주로 만든 시계와 금도금 시계, 상아 시계 등이 그대로 놓여 있었다. 무리를 지어 쉬고 있는 새 떼 같았다. 시계는 멎어 있어서 가게 안은 조용했다. 시계의 문자판은 시곗바늘의 위치에 따라 놀란 얼굴 같기도 했고 웃는 얼굴 같기도 했고 뾰로통한 얼굴 같기도 했다.

계산대의 서랍은 모두 열려 있었다. 누군가가 서랍을 훑고 지나간 것 같았다. 서랍 바닥에 바른 종이는 칼로 다 찢겨 있었다. 종이가 바닥에 어지럽게 흩어져 있었다. 계산기는 진열장 쪽으로 비스듬히 기울어져 있었다.

릭이 기억하고 있던 검은 커튼이 가게와 작업장을 갈라놓았다. 작업장은 가게 안쪽에 있었다. 릭은 커튼을 들고 어둠 속에서 눈을 가느스름하게 떴다. 작업장 안쪽도 그다지 좋은 상태는 아니었다.

아이들은 그리 오래전은 아닌 듯, 누군가가 만들어 둔 문에 도착했다. 그 문을 열자 빛이 조금 들어왔다.

"엉망진창이야……. 여기 있는 걸 전부 치워 버렸어."

시계공이 작업을 할 때 사용하는 도구들과 작은 부품들이 사방에 뒹굴었고 서랍은 죄다 열려 있었다. 피터 다이달로스가 수집해 놓은 레코드도 케이스가 다 벗겨진 채 조각나 바닥에 흩어져 있었다.

그렇지만 시계와 피터 다이달로스의 발명품들은 거의 모두 그대로 있었다. 가게를 뒤진 사람이 찾은 건 그런 것들이 아니었나 보다. 작은 진열장 안에는 피터 다이달로스가 만든 물건들이 있었다. 정교하게 장식한 시계라든가 몇 개의 말이 있는 체스 판, 커다란 탁상용 자명종 시계, 쇠사슬들이 서로 얽힌 샹들리에 같은 것들이었다.

"어쩌면 누군가가 찾고 있던 걸 발견했는지도 몰라."

제이슨이 추측했다.

릭은 아직 한 마디도 하지 않았다. 릭은 가게 안을 이리저리 걸어 다니며 오랫동안 아무 말 없이 깊은 생각에 잠겼다.

마침내 릭이 입을 열었다.

"악당들……. 처음에는 가게를 망가뜨려 놓고 이제는 집까지. 대체 뭘 찾으려고?"

제이슨과 줄리아가 고개를 저었다.

"오블리비아 뉴턴이 킬모어 코브에 온 게 끔찍한 실수라고 했던 네스터 할아버지의 말이 맞았어. 평화를 파괴했잖아! 고양이들과 함께 조용히 살고 있던 비글스 부인의 생활을 엉망으로 만들어 놓았어. 지금은 거울의 집을 무너뜨리고 있고. 내가 증오하는 건 바로 이거야. 사악함과 정확한 목적도 없는 파괴."

"목적이 없는 건 아니야. 아주 분명한 목적이 있어. 킬모어 코브와 시간의 문을 손에 넣어 자기 마음대로 하는 것."

"집으로 가자."

제이슨이 제안했다.

릭은 조그만 진열장 앞에 서 있었다. 그리고 갑자기 한 가지 사실을 깨달았다.

"얘들아……."

릭이 소곤거리듯 아이들을 불렀다.

"왜?"

"제이슨, 너 페넬로페 무어 부인의 그림에 붙어 있던 체스의 말 아직 가지고 있지?"

제이슨이 주머니에 한 손을 집어넣어 말을 찾으며 말했다.

"당연하지! 왜 묻는데?"
"이 체스 판에 쓰는 거니까."
릭이 친구들에게 진열장 안의 체스 판을 보여 주며 말했다.

체스 판은 꽤 컸다. 두께가 10센티미터쯤 되었는데 서로 다른 두 개의 나무로 만든 것이었다. 하나는 아주 밝은 색이었고 또 하나는 아주 어두운 색의 나무였다. 체스 판 위에는 말이 몇 개 놓여 있었는데 제이슨이 하루 종일 주머니에 넣어 가지고 다니던 것과 비슷했다.
"어떻게 이럴 수 있지? 율리시스 무어 부부와 피터 다이달로스가 서로 아는 사이였을까?"
줄리아가 놀라며 말했다.
"그런데 왜 그림 뒤에 말을 붙여 놓은 거지?"
제이슨이 물었다. 릭은 고개를 저었다.
"그건 나도 몰라."
아이들이 가지고 있는 말은 여왕이었다. 하얀 여왕. 체스 판의 하얀 말들은 검은 말들에 비해 위험한 상황에 놓여 있었다.
"검은 말의 여왕이 아직 살아 있어."
제이슨이 하얀 여왕 말을 체스 판에 가까이 가져다 대면서 말했다.

릭이 고개를 저으며 제이슨에게 말했다.

"아무것도 건드리지 않는 게 좋아. 이 게임은 지금 진행 중이야. 우리 여왕은 게임에서 배제되었어."

제이슨과 줄리아는 체스 판 위에 있는 다른 말들의 위치를 유심히 살펴보았다.

"난 체스에 대해선 아무것도 몰라."

잠시 후 제이슨이 한숨을 쉬며 말했다. 제이슨의 말이 꼭 맞는 건 아니었다. 말을 짧게 움직일 경우 제이슨은 아주 강했다. 그러나 머리를 짜내서 연달아 두 번 이상 움직여야 할 경우 제이슨의 머리에서는 김이 모락모락 났고 상대방은 순조롭게 이길 수 있었다.

"누가 움직일 차례지?"

줄리아가 물었다.

"우린 알 수가 없어."

릭이 대답했다.

"네 생각엔 게임을 하는 사람이 누구일 것 같니?"

"피터 다이달로스 대 율리시스 무어라고 생각하지 않니? 우리가 가진 여왕은 흰색이야. 그러니 피터 다이달로스는 검은색 말이겠지?"

제이슨이 다시 말들의 위치를 보았다.

"이 짜증 나는 체스 판을 연구하며 남아 있는 오후 시간을 다 보낼 거야? 우리에겐 해야 할 행동 목록이 있다는 걸 잊지 마. 목록은 끝이 없다고."

그렇지만 줄리아는 체스 판을 보는 일에 전혀 짜증이 나지 않았다.

"여기서 시간이 어떻게 멈추었는지 생각해 보는 게 재미있지 않니? 우리는 지금 아주 오래 전으로 거슬러 올라가서 게임을 보고 있는 거야. 중단된 게임 말이야."

제이슨이 분통을 터뜨렸다.

"그래, 그러니까 그냥 그대로 놔두면 되잖아."

줄리아가 고개를 끄덕였다.

"물론 그대로 놔둘 거야. 누가 움직일 차례인지 아직 모르니까."

"내 생각엔 하얀 말들 차례인 것 같아."

릭이 끼어들었다.

"어떻게 그렇게 자신하지?"

릭은 어깨를 으쓱했다.

"그건 자신 있게 말할 수 없지만, 피터 다이달로스가 자기가 마지막으로 움직이지 않고는 킬모어 코브를 떠나지 않았을 거라고 확신해."

"아, 그래? 쳇, 그럼 그 사람은 똑똑한 사람이 아니었어! 내가 하얀 말을 가졌다면 이 말을 잡아서……."

여전히 화가 난 제이슨이 말을 들어 올리자 체스 판이 떨리기 시작했다.

"제이슨! 너 뭐 한 거야?"

깜짝 놀란 줄리아가 동생을 불렀다. 제이슨은 손에 말을 든 채 눈이 휘둥그레져 있었다.

"내가 어떻게 한 거지?"

체스 판이 천천히 째깍거리기 시작했다. 줄리아가 소리쳤다.

"제이슨! 당장 그 말 제자리에 내려놔! 네가 뭔가 건드렸어!"

제이슨이 말을 다시 내려놓으려 할 때 릭이 손을 잡았다.

"아니, 잠깐만! 이제 원래대로 갖다 놓을 수 없어. 네가 원하는 대로 말을 움직여 봐."

제이슨이 침을 꿀꺽 삼켰다.

"무슨 뜻이야?"

체스 판이 더욱 크게 째깍거리기 시작했다.

"내 생각엔 네가 다시 게임을 시작한 것 같아, 제이슨. 이제 체스 판이 네게 게임을 하도록 재촉하는 거야. 이 째깍거리는 것은 일종의 타이머인 것 같아. 기운을 내, 네가 원하는 대로 움직여 봐. 말을 어디에 놓고 싶으니?"

제이슨은 자기가 어떻게 움직이고 싶어 했는지를 떠올리며 초조하게 말들의 위치를 살펴보았다.

"난…… 체스 게임을 정말 잘 못하지만…… 내 생각에는 여기에 놓으면…… 체크(상대방의 왕을 잡을 수 있는 상태: 옮긴이)를 걸게 돼."

제이슨이 우물우물 말했다. 그리고 말을 내려놓자 체스 판의 소리가 멈추었다.

"자신 있어?"

줄리아가 물었다.

"어느 정도."

제이슨은 자기가 움직인 말을 보자 지독한 의문들이 연달아 일어났다.

체스 판이 흔들리기 시작했다. 마치 체스 판 안에 기계 장치가 들어 있는데, 그것들이 움직이기 시작한 것 같았다. 아이들은 한 걸음씩 조심스럽게 물러나서 출입문 쪽으로 뒷걸음질쳤다.

잠시 후 말들이 하나씩 옆으로 떨어졌다. 그리고 두꺼운 체스 판 속에서 작은 서랍이 열렸다.

"네가 맞았어, 제이슨. 게임 끝이야!"

릭이 다시 체스 판에 다가가며 말했다.

서랍 안에는 뭔가가 들어 있었다.

제 17 장
오래된 발견과 새로운 발견

피터 다이말로스의 시계방

네스터는 시계를 두어 번 보았다. 네스터는 빌라 아르고 1층에서 서성이고 있었다. 대체 아이들은 어디로 간 것일까? 어느새 저녁 여섯 시가 되어 가는데 아직도 돌아오지 않고 있다.

'위험해.'

레오나르도는 그렇게 말했다.

레오나르도는 사건을 예언하는 남다른 능력을 가지고 있었다. 사실 그는 외눈으로 다른 사람보다 더 멀리 내다보았다. 레오나르도의 시에는 언제나 깊은 의미와 예언 같은 메시지가 담겨 있었다.

네스터는 걱정을 하는 성격이 아니었다. 그러나 이렇게 오래 아이들이 돌아오지 않자 마음이 불안해졌다. 레오나르도가 읊은 시의 마지막 구절이 고장 난 레코드에서 나오는 소리처럼 계속 머릿속에서 맴돌았다.

'그리고 세 아이의 목숨을 잃게 되리라.'

네스터는 아이들이 타고 떠난 부서진 자전거가 떠올랐다.

"너희 대체 어디 있니?"

네스터는 솔턴 클리프와 소용돌이치는 파도의 흰 거품에 대고 물었다. 그런 뒤 다리를 절룩거리며 자기 집으로 가서 망원경을 가지고 다시 절벽으로 갔다. 그리고 가끔씩 기침을 하며 마을의 바닷가를 살펴보았다. 레오나르도가 등대의 문을 열고 하얀 탑

안으로 사라지는 것이 보였다.

네스터는 그날 오후에 벌써 두 번이나 전화를 했던 제이슨과 줄리아의 어머니를 떠올렸다. 두 번 다 핑계를 대며 아이들을 바꿔 주지 않았다.

"우리 아이들한테 무슨 일이라도 생기면 가만있지 않을 거예요, 정말이에요!"

커버넌트 부인이 큰 소리로 말했다.

킬모어 코브의 풍경이 망원경 속에서 확대되어 지나갔다.

'오래전에 어떻게 했어야 했을까? 모두들 어떻게 했어야 했을까?'

네스터는 팔이 아파 올 때까지 망원경을 내려놓지 않았다. 마을에는 평소처럼 우연히 마을을 찾은 여행자들이 오가고 있었다. 여행자들은 자신들의 일상으로 돌아가면 킬모어 코브의 존재조차 까맣게 잊으리라.

"아무 일도 일어나지 않았어. 곧 돌아올 거야."

네스터는 마음을 가라앉히며 중얼거렸다.

시간. 시간의 문제가 아니라면 이 모든 게 무엇이란 말인가?

발아래 20여 미터 떨어진 곳에서 바다가 요란한 소리를 내며 물에 잠긴 비밀을 찾아 바위 사이로 밀려들었다. 단풍나무, 물푸레나무, 떡갈나무 가지가 바람에 흔들렸다. 갈매기가 잠시 쉬었다가 다시 날아가려고 빌라 아르고의 지붕에 내려앉았다.

움직이지 않는 것은 아무것도 없었다.

모든 것이 흘러갔다. 자리를 옮기고 변했다. 그리고 시간은 그 혼돈스러운 움직임에 규칙을 부여하며 마치 빈정거리는 구경꾼처럼 바라보고 있었다.

열쇠가 돌아왔다. 문이 다시 열리고 있다. 다시 열쇠를 돌리고 있는 사람은 누구일까?

"열쇠조차 가만히 정지해 있지 않아."

네스터는 언제나처럼 머리에 떠오른 생각들을 킬모어 코브의 바다에게 들려주었다.

"새로 열어야 할 열쇠 구멍들을 찾아 저절로 움직이고 있어. 이 손에서 저 손으로, 이 주머니에서 저 주머니로, 이 서랍에서 저 서랍으로 옮겨 다니겠지. 모두들 그 열쇠를 잊어버릴 때까지. 그리고 그때가 되면 다른 누군가의 손에 다시 들어가 있겠지."

바로 그 순간이었다. 생각에 깊이 빠져 있던 정원사는 자기를 부르는 소리를 들었다. 네스터는 얼른 집 쪽으로 돌아섰다.

아무도 없었다.

빌라 아르고의 다락방을 보았다.

아무도 없었다.

그런데 철문에서 자전거를 타고 달려오는 릭이 보였다. 그 뒤로 줄리아가, 그리고 마지막으로 제이슨이 분홍색 자전거를 딸랑거리며 달려오고 있었다. 아이들이 네스터를 불렀다.

"네스터 할아버지! 네스터 할아버지! 저희가 찾아낸 것 좀 보세요!"

늙은 정원사는 마음껏 웃으며 세 아이를 모두 힘껏 껴안아 주고 싶었다. 하지만 안도의 한숨만 내쉬며 자제를 하려고 애썼다.

네스터는 다리를 절며 아이들 쪽으로 갔다.

"예쁜 자전거구나."

제이슨이 도착하자 말했다.

"킬모어 코브의 여자 아이들이 모두 너를 부러워하겠는걸."

먼저 아이들은 킬모어 코브 안내서에서 찾아낸 종이를 정원사에게 보여 주었고 그다음에는 질문 폭격을 해 대기 시작했다.

"기찻길에서 무슨 일이 생기는지 아세요?"

"광장의 동상은요? 윌리엄 5세라는 왕이 정말 존재하지 않았나요?"

"뭔가가 이상하지 않아요?"

"킬모어 코브에 마을을 알리는 표지판이 하나도 없는 거 아셨어요?"

"기차 터널은 어디 있어요?"

"역은요?"

"다른 시간의 문이 있다는 거 아세요?"

"클레오파트라 비글스 부인을 아세요?"

"아울 클록은요?"

"페넬로페 부인이 그림을 그렸다는 이야기를 왜 안 해 주셨어요?"

"할아버지는 왜 그림 뒤에 체스 말을 숨겨 놓은 것 같아요?"

"피터 다이달로스에 대해 아는 거 뭐 없으세요?"

이 질문의 파도에 압도당한 네스터는 자신이 난처한 상황에 빠지리라는 것을 예감했다.

"피터 다이달로스? 이 마을의 시계공이지."

"빌라 아르고에 자주 왔나요?"

"그걸 왜 나한테 묻니?"

"그 사람이 옛 주인의 친구였죠? 맞죠?"

"친구란 말은 까다로운 단어다. 그냥 서로 아는 사이였던 것 같다, 그래."

"그건 할아버지의 짐작일 뿐이에요. 우리가 피터 다이달로스 가게에서 찾아낸 것 좀 보세요!"

제이슨이 의기양양하게 말했다.

네스터는 조금 의심스러운 듯 종이 상자를 보았다. 거기에는 작고 날렵한 글씨로 이렇게 적혀 있었다.

너무 늦었지만
나의 소중한 친구, 페넬로페와 율리시스에게

네스터는 너무 놀라 눈이 휘둥그레졌다. 그리고 어찌해야 할지 몰라 종이 상자를 이리저리 돌려 보았다.
"안에 뭐가 있는지 보세요."
릭이 재촉했다.
"그런데 넌 가끔이라도 집에 가 봐야 하지 않니?"
네스터가 긴장된 목소리로 투덜거리듯 말했다.
"조금 있다 갈 거예요."
"그 전에 이걸 들어 볼 방법을 찾아야 해요!"
제이슨은 종이 상자에 든 것을 꺼내는 네스터에게서 눈을 떼지 않으며 말했다. 상자에서 나온 것은 검은색 레코드였다. 라벨도 글씨도 없었다.
네스터는 레코드를 보자 펄쩍 뛰었다.
"이걸 어디서 찾았니?"
"피터 다이달로스의 가게에서요."
"그 가게는 닫혀 있어."

네스터가 집 쪽으로 발걸음을 옮기며 말했다.

"우리가 문을 열었어요."

아이들에게 고개를 돌리지 않은 채 네스터가 미소를 지었다. 잠시 후 네스터는 고개를 저으며 말했다.

"불가능할 거라고 생각했는데."

"우리 세 사람에게 불가능은 없어요!"

줄리아가 두 남자 아이의 팔짱을 끼며 밝게 말했다. 아이들은 네스터를 따라 빌라 아르고로 들어갔다.

"이걸 들어서 뭐 하려고?"

네스터가 귀찮다는 듯 물었다.

"제 생각에는 이 레코드에 우리가 찾는 것에 대한 단서가 있을 것 같아요."

제이슨이 말했다.

"너희가 찾는 게 뭔데?"

네스터는 옛 주인들의 초상화가 걸려 있는 계단으로 앞서 올라갔다.

"물론 율리시스 무어죠."

"그럼 무덤에 가 보면 간단할 텐데."

세 아이는 네스터를 따라 위층으로 올라가 도서실로 갔다.

네스터는 가죽 소파 뒤에 있는 가방을 열고 거기서 낡은 옛날 축음기를 꺼냈다. 네스터는 제이슨에게 황동으로 된 확성기를 잠시 맡긴 뒤 사각형 본체를 꺼냈다. 그사이 줄리아는 릭에게 천장에 그려진 가계도를 보여 주었다.

네스터는 방 한가운데에 축음기 받침대를 놓고 확성기를 꽂았다. 그리고 턴테이블 위에 레코드를 올려놓고 첫 번째 트랙에 바늘을 갖다 댔다. 그리고 레코드가 돌아가게 축음기를 작동했다.

몇 번 실패한 뒤에 축음기가 작동했다.

처음에는 지지직거리는 소리와 첫 번째 트랙에서 다음 트랙으로 넘어가면서 바늘이 톡톡 튀는 소리밖에 들리지 않았다. 그러다가 검은 레코드에서 음악이 아니라 사람의 목소리가 들려와 모두들 소스라치게 놀랐다.

피터 다이달로스의 목소리였다.

아이들은 아무 말 없이 조용히 축음기 가까이 모여들었다. 네스터는 기침을 한 번 하고 피아노에 몸을 기댔다.

제 18 장
과거의 목소리

레코드에서 지지직 소리가 났다.

"내 소중한 친구 페넬로페와 율리시스.

이런 식으로 현장에서 빠져나가는 게 비겁한 짓이라는 걸 나도 안다네. 하지만 아직도 내 머리에 떠오르는 건 이 방법밖에 없어. 난 이제 기운도 의욕도 용기도 잃었다네. 밖에는 장대 같은 비가 쏟아지고 있어. 내가 킬모어 코브에서 보내는 마지막 날이니 하늘도 슬플 거라고 생각하네.

내가 모든 것을 망쳤다네. 이제야 그걸 알았어. 난 더 이상 계속할 수 없네. 거울 지붕을 두드리는 빗소리가 날 더 외롭게 만드는군. 내가 사랑하는 이 집이 항상 태양을 찾아 회전할 수 있게 해 주는 기계 장치에 녹이 슬겠지. 언덕 위의 풍력 발전기도 멈춰 서게 될 거야.

문이 나를 기다리고 있네. 그러나 킬모어 코브를 영원히 떠나기 전에 자네들에게 알리고 싶었네. 자네들의 친구가 될 수 있어서, 자네들, 그리고 다른 모든 사람과 우리의 계획을 위해 함께 일할 수 있어서 자랑스러웠다네. 우린 더 좋은 때를 기다리며 열쇠들을 잘 숨겨 두었고 문을 보호해 놓았지. 킬모어 코브를 구하고 이 마을을 건설한 사람의 비밀을 지키기 위해 그렇게 하는 게 가장 옳았다네.

그렇지만 내가 실수를 했어. 그걸 고백해야만 해. 내 나약함과 실수에는 한 여인의 이름과 얼굴이 담겨 있네. 오블리비아 뉴턴. 우리의 계획이 좋은 결과를 얻지 못한다면 그건 모두 내 탓이야. 지금 그 여자가 자네들을 난처하게 하고 있다면 그것도 내 탓이네. 내 탓이야.

어떻게 된 일인지 처음부터 이야기하겠네. 그 여자를 알게 된 건 토요일 오후 내 가게에서였어. 나는 작업실의 커튼 뒤에서 그 여자가 들어오는 것을 보았지. 그리고 그저 단순히 여행자일 거라고 생각했어. 지금도 가끔 킬모어 코브를 찾아내는 여행자들처럼 말이야. 우리가 표지판을 없애고 모든 지도에서 킬모어 코브의 이름을 지워 버리고 기찻길을 끊어 놨는데 아직도 이곳으로 들어오는 길이 있어. 킬모어 코브를 알리는 자료, 그림, 책들을 죄다 찾아내서 없애느라 얼마나 고생을 했나! 물론 우리가 문의 위치와 열쇠의 위치를 표시해 둔 토스 보웬의 지도만은 남겨 두었지만 말이야.

우리 계획은 순조롭게 진행되었고 우리는 거의 모든 열쇠를 모으고 문을 숨겼지. 그날 오블리비아 뉴턴이 내 가게에 들어오지만 않았다면 우린 정말 이 비밀의 흔적을 완벽하게 지우는 데 성공했을 걸세.

그 여자는 너무나 아름다웠어. 정말 아름다웠다네. 난 그 여자가 오블리비아 뉴턴이라는 걸 몰랐네. 아직은! 그 여자는 밝은 연두색 옷을 입고 있었는데 내게 감정을 부탁할 물건을 가지고 왔어. 자기 은사인 클리오 비글스에게 선물받은 거라고 했지. 클레오파트라의 언니 말이야. 물론 난 클리오 비글스를 잘 알았네. 하지만 그렇게 오랜 세월 킬모어 코브를 떠나 있던 클리오 비글스가 오블리비아 뉴턴에게 열쇠를, 고양이 열쇠를 선물했으리라고는 상상도 못했네.

내가 보인 첫 번째 반응은 경악이었네. 두 번째로 보인 반응은 실수였어. 난 돈이 얼마가 들더라도 그것을 사려고 했지. 우리가 그 열쇠를 얼마나 찾았는지 알지 않나? 우리는 그 열쇠가 영원히 사라진 거라 결론 내렸었지. 하지만 아니었네. 체다 시에 있었어. 초등학교 교사의 손에 들려 마을 밖으로 나갔던 거야. 그리고 마침내 놀랄 만큼 아름다운 낯선 여자의 손에 들려 돌아온 거지.

오블리비아 뉴턴은 열쇠를 팔지 않았네. 내 생각에 그 여자는 나 같은 시계공이 그 열쇠를 사기 위해서 얼마든지 돈을 지불하겠다고 하는 데 무슨 이유가 있을 거라고 생각했던 것 같아. 그 뒤로 그 여자는 시계방을 드나들기 시작했어. 그리고 어느 날 아울 클록으로 가는 나를 미행해서 내 집에 들어왔어.

나는 행복했네. 나는 지금까지 발명품들을 친구 삼아 살아왔네. 그런데 내 집에 여자가 들어왔다는 게 꿈만 같았어. 그 여자에게 거울의 집을 보여 주었어. 그 여자는 집이 매력적이라고 말했지. 이런 집은 생전 처음 본다고. 나는 집을 회전시켰네. 집이 돌아가면서 해가 지는 쪽으로 발코니가 돌거나 언덕 쪽으로 돌았지. 오블리비아 뉴턴은 나보고 천재라고 말했어. 가장 위대한 천재. 지금까지 그렇게 아름다운 여자를 본 적이 없던 나는 그 여자의 말을 믿었네.

보잘것없이 작은 피터 다이달로스! 아, 나는 얼마나 바보 같았던가. 그 여자가 나한테 다가온 유일한 목적은 열쇠의 비밀밖에 없다는 걸 몰랐던 거야.

오블리비아 뉴턴은 모든 걸 알게 되었네. 그 열쇠가 왜 그렇게 중요한지를 내가 털어놨기 때문이지. 그 여자는 오로지 내가 자기를 믿고 비밀을 털어놓을 날만을 기다린 거야. 윙윙거리는 파리가 조만간 자기 거미줄에 떨어질 것을 아는 거미처럼 말이지.

나는 거미줄에 기꺼이 떨어져 준 거야. 자네들에게 고백도 하지 못하고 나 혼자. 나는 이제 한순간도 평화를 얻지 못할 걸세.

그렇게 해서 낮에는 자네들을 도와 다른 세상으로부터 킬모어 코브를 숨기다가 어느 날 밤 오블리비아 뉴턴의 눈을 가리고 마을에 그녀를 데려왔네. 고양이 열쇠로 비글스 부인 집의 문을 열고 문지방 너머로 그 여자를 안내했어. 우리는 이집트에 한 시간도 채 머무르지 않았지만 그 여자는 모든 걸 알아차렸네.

우리가 킬모어 코브로 돌아왔을 때 그 여자는 자기가 가진 열쇠가 이 세상에 하나밖에 없는 거냐고 물었어. 나는 대답을 하지 않았지만 그 여자는 그렇지 않다는 걸 직감적으로 알았지.

조금씩 그 여자에게 킬모어 코브에 시간의 문이 몇 개 있고 그것을 열 수 있는 열쇠가 다 있다는 이야기를 해 주었어. 문은 다 다르고 저마다 다른 곳을 향해 열려 있다고 설명해 주었네. 한 개의 문만 빼고. 그건 가장 중요한 문이고 네 개의 열쇠로 열 수 있으며 어디든 갈 수 있는 문이라고. 빌라 아르고의 이름을 말해 주지 않았지만 그 여자는 금방 알아차렸네. 그래서 자네의 집을 탐내게 된 거야.

그 여자는 모든 비밀을 알고는 나한테 차가워졌고 탐욕스러워졌네. 그제야 난 처음으로 그 여자가 진짜 오블리비아 뉴턴이라는 걸 알게 되었어. 하지만 이미 너무 늦었어. 더 이상 돌이킬 수가 없게 되었네.

내 거짓의 성은 그 여자에게 자네들에 대한 비밀을 말하면서 무너져 가고 있네. 내가 어떻게 하면 좋겠나? 난 모두를, 그리고 나 자신마저 배신했어. 내가 지켜야 할 한 가지 비밀만이 남아 있을 뿐이네. 그 어떤 것보다 큰 비밀, 어쩌면 자네들도 전혀 모를지 모를……"

레코드가 잠시 헛돌다가 조용해졌다.

네스터는 생각에 잠겨 수염을 쓰다듬었다.

잠시 후 피터의 목소리가 다시 들렸지만 목소리가 너무 낮았고 녹음할 때의 잡음 때문에 말을 부분적으로밖에 알아들을 수 없었다.

"그 여자에게 말했네…… 모든 문을 열고 닫을 수 있는 방법은…… 문들을 모두 완전히 움직일 수 있는…… 단 하나의 열쇠는…… 그러자 그 여자가…… 그 여자가…… 그 열쇠를 어디서 찾을 수 있느냐고 물었어…… 난 대답하지…… 않았네…… 약속……."

그리고 긴 침묵 끝에 피터 다이달로스의 목소리가 빠르게 다시 들려왔다. 처음에는 몇 마디씩 끊어지던 그의 말이 점점 더 또렷해졌다. 거의 울부짖는 것 같았다.

"난 도망갈 걸세. 그래, 오늘 밤 도망갈 거야! 그 여자가 날 찾지 못하는 곳으로. 율리시스, 페넬로페, 난 내 마지막 말을 움직였네. 난 비밀을 지켰어. 그 여자는 모든 문을 다 손에 넣을 수는 없을 거야!"

피터 다이달로스의 목소리가 잘 들리지 않았다.

"오, 내 친구…… 게임이…… 필요…… 잘 있…… 로페…… 아르고…… 정원사…… 여행! 난 달아나네, 친구들! 거짓만이 가득한 이 잔인한 세상에서 달아난다네. 난 심장이 완벽한 장치라고, 믿을 수 있는 안전한 기어로 조절 가능한 장치라고 믿었네. 하지만 훨씬 더 고통스러운 진실을 발견했어……. 잘 있게, 율리시스. 잘 있어요, 페넬로페. 사자 열쇠는 우편으로 받게 될 걸세. 다른 열쇠들과 함께 보관하도록 그렇게 했어. 나에게는 이제 필요 없으니까. 가게와 거울의 집은 오블리비아 뉴턴에게 선물할 걸세. 그 여자가 하고 싶은 대로 하게……. 난 더 이상 알고 싶지도 않네. 내 이름을 지우고 내 하얀 부엉이가 그려진 간판을 불태워 주게. 자네들의 기억에서도 날 지워 주게. 하지만 난 자네들을 죽어도 잊지 않을 걸세!"

이 말과 함께 피터 다이달로스의 고백은 끝이 났다.

제 19 장
네스터의 선택

경찰서

해가 수평선으로 서서히 기울기 시작했고 하늘은 오렌지색으로 물들었다. 빌라 아르고의 도서실에서 낡은 레코드가 몇 번인가 지지직 소리를 내다가 조용해졌다. 릭은 축음기의 바늘을 들어 제자리로 옮겼다.

세 아이는 바닥에 웅크리고 앉아 있었고 네스터는 피아노 옆에 서 있었다. 점점 더 붉어지는 하늘의 햇빛이 창문으로 스며들어와서 네스터의 분노를 더욱 뜨겁게 달구었다.

잠시 후 줄리아가 입을 열었다.

"이렇게 된 거구나. 문에 대해 오블리비아 뉴턴에게 말한 사람이 바로 피터 다이달로스였어."

"몇 개의 문에 대해서만 말한 것 같아."

제이슨이 덧붙였다.

네스터는 주먹을 불끈 쥐다가 기침을 했다. 기침은 멈추지 않고 계속 나왔다. 네스터는 숨을 깊이 들이마시려고 두 팔을 들었다. 그리고 진정이 될 때까지 한참을 그렇게 가만히 서 있었다. 두 팔을 다시 내렸을 때 네스터의 얼굴은 괴로운 상념 때문에 몹시 고통스러워 보였다.

"오블리비아 뉴턴이 왜 거울의 집을 무너뜨리고 있는지 알게 되었어."

릭의 말에 네스터의 눈썹이 위로 올라갔다.

"뭐라고?"

아이들은 아울 클록 비포장도로에서 일어난 일과 키클롭스의 크레인이 피터 다이달로스의 집을 부수고 있다는 이야기를 네스터에게 들려주었다.

"우리는 어떻게 할 수가 없었어요. 그렇다고 그냥 서서 지켜보고 있을 수도 없었고요."

줄리아가 이렇게 말을 마쳤다.

"그러면 끝이야."

네스터는 이렇게 말하면서 도서실의 문 쪽으로 갔다. 줄리아가 네스터를 불렀다.

"네스터 할아버지, 잠깐만요! 우리만 남겨 두고 가지 마세요."

"우리는 모두 혼자야."

네스터는 말했다. 하지만 방에서 나가지는 않았다.

"이것만이라도 말씀해 주세요. 만프레드가 훔쳐 간 할아버지의 열쇠가……."

네스터가 고개를 끄덕였다.

"피터 다이달로스가 말한 사자 열쇠다. 옛 주인이 내게 잘 보관하라고 맡긴 물건들 중의 하나야."

"그럼 그 열쇠로……."

다시 네스터가 앞질러 대답했다.

"그 열쇠로 거울의 집에 있는 시간의 문을 열 수 있다."
"왜 다른 문이 있다고 미리 말씀해 주시지 않았어요?"
네스터는 대답하지 않았다.
"그 집의 문은 어디로 가는지 아세요?"
줄리아가 물었다. 네스터가 깜짝 놀란 듯 펄쩍 뛰었다.
"내가? 내가 그걸 어떻게 알겠니? 내가?"
"그렇지만 사자 열쇠에 대해 알고 있으시니……."
네스터가 뭐라고 웅얼거렸다.
"그리고 거울의 집에 문이 있다는 것도 아셨잖아요."
"내가 전부 다 알고 있는 건 아니다, 얘들아! 빌어먹을!"
네스터가 주먹으로 책장을 쳤다. 책장에 달렸던 황동 판 색인이 바닥에 떨어졌다.
"피터 다이달로스는 킬모어 코브에 여러 개의 문이 있다고 말했어."
릭이 끼어들었다.
"하나는 이 집에 있어. 다른 하나는 비글스 부인 집에 있고. 세 번째는 거울의 집에 있지. 몇 개가 더 있을까?"
"우리가 잃어버린 지도만 있으면 다 알 수 있을 텐데. 지도에 열쇠 이름도 적혀 있으니까."
"지금 오블리비아 뉴턴은 어떤 열쇠가 필요한지 알고 있지만 정작 열쇠를 가지고 있지는 않아."
 네스터가 말했다. 그리고 계속 말을 이었다.
 "율리시스 무어와 그의 아내는 열쇠들을 안전하게 보관해 두었다. 오블리비아 뉴턴 것을 빼고 모두 다. 오블리비아 뉴턴 것은 킬모어 코브에 없었으니까."
 "그리고 피터 다이달로스 것도 있잖아요. 어젯밤에 만프레드가 훔쳐 간 거요."
 "벌써 열쇠를 두 개나 가지고 있어요."
 릭이 말했다.
 "우린 네 개를 가지고 있잖아."
 제이슨이 반박했다.
 줄리아는 계속 방 안을 서성거렸다.
 "아, 그 여자 얼굴을 주먹으로 한 대 치고 열쇠를 가져올 수만 있다면!"
 세 아이는 방금 알게 된 믿을 수 없는 사실들에 대해 서로 의견을 내놓으며 자기들끼리 떠들기 시작했다.
 네스터는 아이들을 바라보며 생각에 잠겼다. 레오나르도의 시와, 불안을 심어 준 그의 말을 다시 생각하지 않을 수는 없었지만 네스터는 흥분해 있는 아이들의 감정에 전염이 되었다. 레오나르도는 네스터처럼 이 아이들이 떠드는 소리를 들어 보지 못했다. 레오나르도는 이 아이들을 알지 못했다.

갑자기 제이슨이 질문을 해서 네스터는 혼자만의 생각에서 벗어났다.

"네스터 할아버지, 문이 있다는 걸 아는 사람이 몇 명이나 있어요?"

"몇 명이나 있었느냐고 물어봐야 할 것 같구나. 나와 오블리비아 뉴턴, 그리고 그 여자의 운전사를 빼고는 모두 사라졌어."

'정확히 말하면 항복했지.'

네스터는 이렇게 생각했지만 말을 하지는 않았다.

"그럼 우리가 유리해요. 우리는 넷이니까 4 대 2잖아요."

제이슨이 결론을 내렸다.

네스터는 마치 어른처럼 단호한 의지를 가지고 말하는 열한 살짜리 소년을 보았다. 아이들의 태도는 감동적이었다.

네스터는 괴로운 마음으로 2층 침실 사이로 난 복도를 바라보았다. 그리고 생각했다. 결정을 해야만 한다고. 이제 더 이상 시간이 없을지도 모른다. 상황은 생각보다 훨씬 더 빠르게 변했다.

릭이 그동안 자신들이 알아낸 것들을 요약하기 시작했다.

"그러니까…… 율리시스 무어 부부에게는 계획이 있었어. 비밀의 문들을 숨기고 열쇠들을 안전하게 보관하는 거지. 그들은 가능한 한 킬모어 코브에 사는 사람들 모르게 킬모어 코브를 고립시키려 애썼어. 피터 다이달로스가 율리시스 무어 부부를 배신했고 오블리비아 뉴턴이 비밀의 일부분을 알게 되었어. 피터 다이달로스는 가장 중요한 비밀을 숨기려고 달아났어. 그러니까…… 모든 문이 어떻게 열리고 닫히는지에 대한 비밀이지. 알았니? 피터 다이달로스는 모든 문을 열었다 닫을 수 있는 방법이 있다고 했어. 그다음에…… 그다음에 무슨 일이 일어났지?"

"율리시스 무어 부부가 죽었어."

줄리아가 대답했다.

"오블리비아 뉴턴은 아무 방해도 받지 않고 자기 맘대로 할 수 있을 거라고 생각했는데 네스터 할아버지가 빌라 아르고를 우리 엄마, 아빠에게 팔았어. 그래서 우리가 여기 온 거고."

"그리고 열쇠 네 개를 찾아냈지. 우리가 그걸 찾으러 우체국에 갔으니까."

릭이 다시 말했다.

"오블리비아 뉴턴을 멀리하기 위해서……."

제이슨이 끼어들었다.

"율리시스 무어가 우리에게 그 열쇠 네 개를 찾게 한 거야. 그리고 킬모어 코브의 지도를 찾아오도록 우리를 이집트로 보낸 거고. 그런데 우리는 그걸 도둑맞고 말았어. 모든 게 헛수고가 되었어."

"우리가 다 망쳤어."

릭이 동의했다.

"우린 실패했어."

줄리아가 한숨을 쉬었다.

네스터가 기침을 했다. 네스터는 한 번 더 기침을 한 뒤 마침내 결심을 했다.

"이제 내가 말하는 대로 하자!"

네스터가 커다란 목소리로 말했다. 세 아이는 놀라서 네스터를 돌아보았다.

"할아버지가 말씀하시는 대로 하라고요?"

"너희는 실패하지 않았다!"

네스터는 아이들을 하나하나 가리키며 말했다.

"너희가 망친 게 아니야! 그런 생각 하지도 말아라, 알았니? 너희는…… 너희는…… 아!"

네스터가 고개를 저었다. 네스터는 칭찬하는 데 약했다. 칭찬을 하는 것이 정말로 어려웠다. 그래서 기침을 하며 명령했다.

"가자! 나하고 같이 가자!"

네스터는 아이들을 데리고 복도 중간까지 갔다. 그리고 두 손을 맞잡아 제이슨 앞에 내밀었다.

"이 손을 밟고 올라가 천장의 뚜껑 문을 열어 봐라."

"뚜껑 문이요?"

아이들은 모두 천장을 올려다보며 한목소리로 외쳤다. 천장에는 천장과 같은 색깔의 뚜껑 문이 쇠고리로 닫혀 있었다.

제이슨이 네스터의 손을 밟고 올라가 고리를 잡았다.

"잡아당겨!"

제이슨이 고리를 밑으로 잡아당겼으나 문은 열리지 않았다. 두 번째로 잡아당기자 마침내 문이 열리는 소리가 들렸다. 네스터가 제이슨을 땅에 내려놓았다.

뚜껑 문에서 사다리가 미끄러져 내려왔다. 네스터가 사다리를 자기 쪽으로 잡아당겼다.

"세상에! 복도 한가운데에 사다리가 있다니……."

줄리아가 외쳤다.

네스터가 올라가라는 신호를 했다.

"빨리 올라가라!"

"세상에!"

줄리아는 그날 아침 자기가 보았던 것, 아니 보았다고 생각했던 것을 떠올리며 다시 한 번 외쳤다.

제 20 장
잊혀진 장소

만프레드는 오후 내내 키클롭스의 인부들을 지켜보았다. 인부들은 크레인이 무용지물이 된 뒤로는 우주 비행사 같은 옷을 입고 망치와 쇠톱, 그리고 다른 도구들을 들고 거울의 집을 들락거렸다.

크레인의 쇠공이 지붕 밑 벽에 단단하게 박혀 있어 크레인은 무기력하게 꼼짝도 하지 못했다. 인부들은 지하실에 있는 기계 장치들을 망치로 때려 못 쓰게 만들어서 회전하는 집을 겨우 멈출 수 있었다. 그러고 나서 부지런히 방방을 돌며 벽을 하나씩 허물었다.

그날 저녁 무렵, 거울의 집은 폐허 더미들에 에워싸인 철골 구조물로 변해 버렸다. 테라스와 난간들은 사라져 버렸고 덧창은 산산조각 났다. 그 유명한 문을 찾느라 바닥을 다 떼어 내고 구멍을 뚫기도 했다.

오블리비아 뉴턴은 뜰에서 이따금씩 토스 보웬의 지도를 보기도 하고 정밀한 손을 가진 피터 다이달로스가 그린 거울의 집 설계도를 보기도 하면서 인부들에게 명령했다. 만프레드는 그 설계도를 찾기 위해 피터 다이달로스의 가게 뒷벽을 부수어야 했던 때를 또렷이 기억하고 있었다.

거의 해가 질 무렵이었다. 키클롭스의 인부 한 명이 집에서 나오며 외쳤다.

"뉴턴 양! 뉴턴 양! 이리 와 보세요!"

오블리비아 뉴턴이 뛰어갔다. 만프레드는 좀 더 침착하게 그 뒤를 따랐다.

"이건가요?"

인부가 기계실에서 찾아낸 것을 오블리비아 뉴턴에게 보여 주며 물었다.

벽돌 더미들이 둥글게 쌓여 있는 지점에서 낡은 문이 또렷이 나타났다. 문은 벽돌과 그 안의 나무 경계 벽 사이에 숨겨져 있었다.

벽에 '율리시스 무어'라는 이름이 새겨져 있었다.

그 이름을 읽자마자 오블리비아 뉴턴은 화를 냈다.

"이 문도 내가 못 찾게 숨겨 놓았군, 응? 그렇지만 내가 당신보다 훨씬 영리해!"

"이게 그럼……?"

키클롭스의 인부가 다시 물었다.

"맞아요! 이거예요!"

오블리비아 뉴턴이 나무 경계 벽 위에 새겨진 율리시스 무어의 서명을 손으로 어루만지며 밝게 대답했다.

"저 벽돌 더미를 치워요! 빨리!"

인부들은 즉시 일을 했다. 큰 망치 덕택에 금방 벽돌의 흔적이 깨끗이 사라졌다. 그러고 나서 인부들은 오블리비아 뉴턴이 그렇게 갈망하던 그 문을 좀 더 가까이에서 볼 수 있도록 옆으로 물러섰다.

문은 오래된 것이지만 아직도 튼튼하고 견고해 보였다. 여기저기 깊게 파인 흔적들이 있었는데 아마도 인부들의 망치에 맞아서 그렇게 된 것 같았다. 왼쪽 아래에 열쇠 구멍이 눈에 띄었다. 클레오파트라 비글스 집의 문에 있던 열쇠 구멍처럼 낡고 큰 구멍이었다.

그 문이었다. 틀림없었다.

피터 다이달로스의 문.

오블리비아 뉴턴은 본능적으로 두 손을 목걸이 쪽으로 가져가 사자 손잡이가 달린 열쇠를 잡았다. 그러다 인부들이 있다는 것을 떠올리고는 퉁명스럽게 말했다.

"아주 잘했어요. 이제 가도 돼요."

네 명의 인부는 그 말을 듣자 너무 좋아 연장들을 내려놓았다. 인부들은 뜰에 뒤집혀 있는 크레인을 언제 가지러 오면 되겠느냐고 물었지만 오블리비아 뉴턴은 모호한 몸짓을 했다.

"오지 않는 게 좋을 것 같군요. 크레인은 내가 한 대 사 줄 테니 저건 그냥 여기 놔둬요."

"좋을 대로 하십시오, 뉴턴 양."

인부들은 트럭을 타고 전속력으로 거울의 집을 떠났다.

트럭이 일으킨 먼지가 가라앉자 오블리비아 뉴턴은 손에 사자 열쇠를 쥐고 여러 가지 도구가 가득 든 배낭을 어깨에 멘 채 문으로 돌아왔다. 여전히 오토바이 경주 선수 같은 차림이었다.

오블리비아 뉴턴은 열쇠 구멍에 열쇠를 가져가 끼웠다.

눈을 감았다. 그리고 숨을 멈춘 뒤 열쇠를 돌렸다.

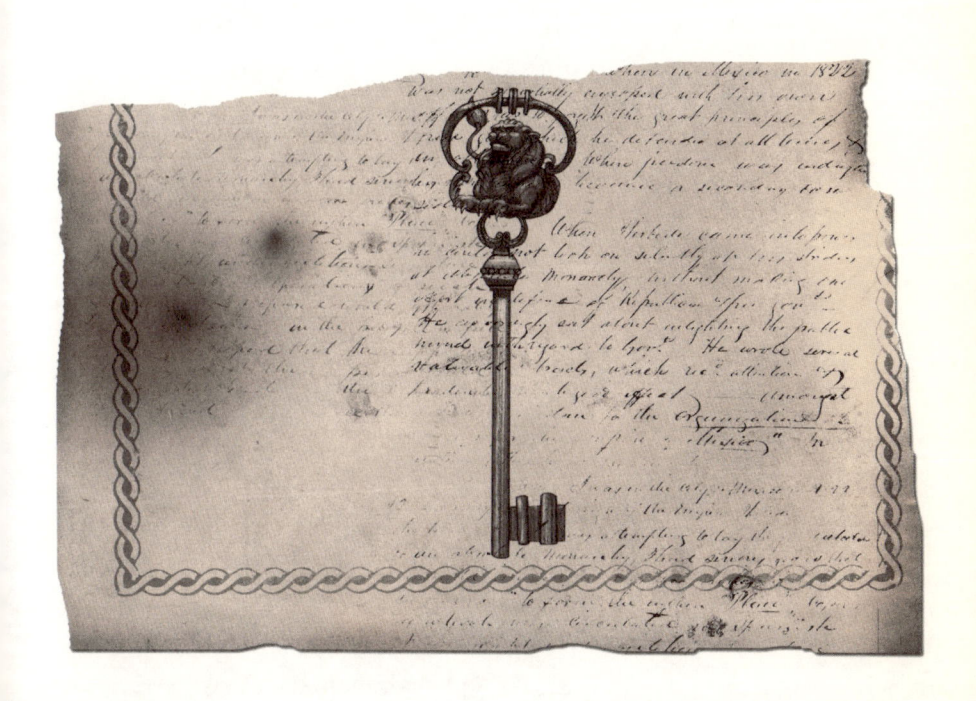

딸깍.

열쇠 구멍에서 소리가 나며 문이 열렸다.

오블리비아 뉴턴이 미소를 지으며 만프레드 쪽으로 돌아섰다.

"같이 갈래?"

만프레드의 입이 실룩거렸다. 만프레드는 시간의 문들과 그 문의 쓰임새를 좋아하지 않았다. 그 문에 대해 더 많은 걸 알고 싶지 않았다.

"아니요. 저는 여기서 집을 지키는 게 더 좋을 것 같습니다."

"좋을 대로 해. 그렇지만 미리 말하는데 저 문 뒤에서…… 피터 다이달로스를 찾는 데 시간이 얼마나 걸릴지 몰라."

"상관없습니다."

만프레드는 부츠 속에 둘둘 말아 넣어 둔 스포츠 잡지를 오블리비아 뉴턴에게 보여 주었다.

"읽으려고 가져왔습니다. 잘……."

오블리비아 뉴턴은 만프레드의 말을 무시했다. 그리고 어두운 문 속으로 들어가 등 뒤로 문을 쾅 닫았다. 만프레드는 바닥에 잡지를 내던지며 말을 마저 마쳤다.

"……잘 다녀오십시오!"

만프레드는 주위를 둘러보았다. 쇠기둥들과 볼트를 보자 전율이 일었다. 오블리비아 뉴턴은 꽤 오랫동안 돌아오지 않을지도 모른다. 뜰에는 연료가 가득 든 번쩍이는 경주용 오토바이가 있었다.

"내가 왜 이런 잊혀진 장소에 있어야 하지?"

만프레드는 정원으로 나가면서 이렇게 자문했다.

하지만 그곳을 떠날 수 없는 이유는 따로 있었다. 만프레드는 오토바이가 있는 곳으로 가서야 그 이유를 발견했다. 오토바이 타이어가 누군가에 의해 다 찢겨 있었다.

만프레드는 주변을 살펴봤지만 살아 있는 거라곤 아무것도 없었다. 철골만 남은 거울의 집은 버려진 인형극 공연장 같았다. 언덕 위의 이상한 풍차들은 바람 속에서 계속 돌아갔다.

만프레드는 분통이 터져 소리를 지르며 땅에 있는 건 뭐든 다 발로 걷어차기 시작했다.

제 21 장
노을 속의 남자

성 야곱 교회

사다리 위에 올라간 제이슨은 릭과 줄리아가 올라올 수 있게 도와주었다. 그리고 뚜껑 문 입구에서 조금 떨어져서 네스터도 위로 올라오기를 기다렸다.

아이들은 빌라 아르고의 천장 바로 밑에 있었다. 몹시 건조하고 더웠으며 향기로운 냄새가 났다. 주위의 나무판자들이 삐걱거리는 소리가 들렸다. 대들보와 지붕의 기와들이 나무좀벌레의 언어로 계속 수다를 떨기라도 하는 듯, 삐걱거리는 소리가 조그맣게 계속 들려왔다.

"우아!"

제이슨이 주위를 둘러보며 감탄사를 터뜨렸다.

다락방은 먼지가 쌓이고 오래된 물건들이 낡은 천에 덮여 있는 큰 방이었는데, 다락방 유리창으로 흘러들어온 석양빛에 금빛으로 물들어 있었다. 방바닥은 배의 바닥 같았다.

줄리아는 놀란 눈으로 방 안을 둘러보았다. 뚜껑 문의 양옆에는 퀼트 천과 하얀 시트로 덮인 낡은 가구들이 놓여 있었다. 사방에 그림자들이 어른거려 위협적이었다.

"앞으로 가라!"

사다리를 힘들게 올라오면서 네스터가 말했다.

아이들은 그 말을 들었다. 방의 양옆에 쌓아 놓은 가구들 사이로 걸어 나가 정원 쪽으로 난 큰 방으로 들어갔다. 빛이 환하게 드는 창쪽에서 머리에 커다란 모자를 쓴 남자의 형체가 석양을 등지고 또렷하게 모습을 드러냈다.

그 모습을 보자 줄리아는 비명을 질렀다.

줄리아만큼 겁에 질린 릭이 줄리아의 손을 꽉 잡아 주었다.

제이슨은 눈이 휘둥그레지고 입이 바싹바싹 탔지만 마침내 율리시스 무어의 비밀 은신처를 찾아냈다는 것을 알았다. 그리고 옛 주인이 자기들에게서 몇 발자국 떨어지지 않은 지점에서 기다리고 있다는 것도. 제이슨은 모자를 쓴 검은 형체에 한 걸음 다가가며 조그맣게 말했다.

"율리시스 무어 씨?"

남자는 대답이 없었다.

제이슨은 한 걸음 뒤로 물러섰다.

창문 앞에는 긴 나무 책상이 있었는데 책상에는 캔버스와 연필, 그림이 즐비했다.

남자는 가슴을 똑바로 편 채 책상 옆에 서서 아이들을 바라보고 있었다.

"율리시스 무어 선생님?"

제이슨이 다시 한 걸음 물러서며 물었다.

시끄러운 소리가 났다. 다락방 바닥이 네스터가 절룩거리며 걸음을 옮길 때마다 진동하는 소리였다. 네스터는 아이들 뒤로 다가왔다.

"대답을 할 수 없다. 그럴 수가 없어."

네스터가 중얼거렸다. 다락방에서 네스터는 훨씬 키가 크고 위풍당당해 보였다. 네스터는 줄리아 곁을 스쳐 지나며 한 손을 줄리아의 어깨에 얹었다.

"놀라지 마라."

그제야 릭은 당황해서 쩔쩔매며 줄리아의 손을 놓았다.

네스터는 다리를 절며 제이슨 옆으로 갔다. 그리고 몇 걸음 다가가 보라고 권하면서 책상 옆에 서 있는 남자의 실체를 보여 주었다.

마네킹이었다.

"여긴 페넬로페 부인의 화실이었다."

네스터가 빛이 환하게 비치는 책상 옆에 서서 설명했다.

"이 방에서 그림을 그렸지."

다락방 창으로 비쳐 드는 빛 바깥쪽으로 서로 기대 놓은 캔버스와 그림들이 보였다. 아직도 템페라(아교나 달걀노른자로 안료를 녹여 만든 불투명한 그림물감: 옮긴이) 냄새와 나무 냄새가 뒤섞인 자극적인 냄새가 코를 찔렀다.

"페넬로페 부인이 남겨 둔 대로 다 있어. 수채화, 부러진 연필까지 모두. 이 지붕 밑 방은 페넬로페의 왕국이었지. 암갈색 목탄, 물통, 그리고…… 물론 이 마네킹도 페넬로페 부인이 그림 모델로 쓰던 거다."

마네킹은 천으로 만든 인형이었는데, 보통 남자만큼 키가 컸고 진짜 사람이라고 해도 믿을 정도였다. 줄리아는 의심스러운 눈으로 인형을 보았고 정말 인형인지 확인하려고 만져 보았다.

책상 구석에 피터 다이달로스의 체스 말과 같은 게 몇 개 있었다. 네스터는 릭이 그걸 눈여겨보는 것을 알아차리고 설명했다.

"두 사람은 오랫동안 내기를 했어. 게임에서 질 때마다 피터는 페넬로페 부인에게 작은 발명품을 만들어 주었지. 게임에서 질 때마다 페넬로페는 그림을 그려 주었고."

"그리고 닥터 보웬의 그림에다 그런 것처럼 액자 뒤에 말을 붙여 놓았고요."

"언제부터 그런 게임을 했나요?"

"2년 전부터."

네스터가 분명하게 말했다.

"왜 우리를 이곳으로 데려온 거죠?"

페넬로페 부인의 스케치와 그림들을 살펴본 다음에 제이슨이 물었다.

"너희가 알아 두는 게 좋을 것 같아서."
네스터는 창가에 서서 바깥을 내다보며 대답했다.
"무엇을 알아야 하죠?"
중요한 움직임이 시작되었다는 것을 감지한 릭이 물었다.
"너희가 정말 누구인지. 왜 여기 있는지."
네스터가 돌아서며 대답했다.

"율리시스 무어는 더 이상 싸우고 싶어 하지 않았다. 그는 반평생을 비밀을 가꾸고 키우는 데 바쳤어. 나머지 반평생은 그 비밀을 지키고 지우는 데 바쳤고. 비밀은 바로 이 집, 절벽 안 동굴의 바다, 그리고 거기에 정박해 있는 메티스에 대한 것이다. 비밀은 지금 너희가 가지고 있는 네 개의 열쇠와 그걸로 열 수 있는 문에 대한 거야. 하지만 진짜 비밀은 킬모어 코브 전체다.

킬모어 코브는 작고 소중하고 놀라운 곳으로, 여기서 출발해서 이곳과 똑같이 작고 소중하고 놀라운 다른 지역으로 갈 수가 있지. 문을 지나서 말이다. 얘들아, 킬모어 코브의 문들은 율리시스 무어가 꿈의 항구라고 부르던 곳으로 이어져 있어. 이 집과 같은 곳들이지. 솔턴 클리프와 그 바닷가 같은 곳. 세상의 혼돈이 닿지 못하는 곳. 평화와 아름다움만 있는 곳. 그리고 그 이외의 다른 것은 원하지 않는 사람들이 사는 곳.

그런 것들을 즐기려면 약간의 시간만 있으면 돼. 조금만 시간을 내면 절벽 사이의 조그만 해변에서 수영을 하거나 풀밭에 누워 흘러가는 구름을 보는 게 얼마나 평화롭고 아름다운지를 알 수 있지. 시집을 손에 들고 시원한 저녁 바람을 맞을 수 있어. 새벽에 막 떠오르는 해를 보며 그것을 캔버스에 그릴 수 있어. 흙을 맨손으로 만질 수 있어. 물감으로 그림을 그릴 수 있어. 시를 지어 친구들에게 들려줄 수 있어. 친구들과 웃으며, 바닷가에 모닥불을 피워 놓고 별을 바라볼 수 있어. 친구들과 똑같은 감정, 단순하고 소박한 삶을 찾고자 하는 똑같은 소망을 느끼며 서로 하나가 될 수 있어. 그리고 마법처럼 문 뒤에 머나먼 세상을 숨겨 놓을 수 있다는 사실을 발견할 수 있지.

어떤 면에서 보면 이 마을은 너희가 방금 떠나온 곳과 똑같을 수 있지만 완전히 다를 수도 있는 거야."

네스터가 탁자 옆으로 걸으며 계속 말했다.

"율리시스 무어와 그의 아내에게 킬모어 코브와 문들은 세상에서 가장 큰 신비였어. 놀라우면서 동시에 위험하기도 한 신비지. 엉뚱한 사람의 손에 들어가면 문과 그 문을 통해 들어갈 수 있는 세계가 전멸해 버릴 테니까."

"오블리비아 뉴턴……."

"그래, 오블리비아 뉴턴. 정말 위험한 인물이야. 잔혹한 여자

지. 그 여자에게 시간은 그저 숫자이고 시간표이고 초읽기일 뿐이야. 초를 읽어 가며 불필요한 숫자들로 자신을 장식해야 하고 뭔가를 사고팔아야 하고 계속 말을 해야 하고 쓰러뜨려야 할 적을 만들어야 하지.

율리시스 무어는 메마르고 현대적인 오블리비아 뉴턴 같은 여자가 킬모어 코브에 오는 걸 원치 않았다. 그는 이 마을을 보호하고 싶어 했지. 예전 조상들이 그랬던 것처럼 율리시스 무어는 마을을 지키고 싶어 했어. 그래서 친구들을 모았고 현대 세계의 위험으로부터 킬모어 코브를 지켜 낼 수 있는 방법을 고민했지.

마을은 전화번호부에서, 철도 노선에서, 여행 안내 책자와 음식점 안내 책자에서 사라졌어. 박물관, 영화관도 있어서는 안 되었고 구경할 만한 중요한 공연이나 흥미로운 문화재나 유적지가 있어서도 안 되었지. 이 지방의 문화 예술 목록을 작성하려고 관청에서 사람이 나오자 킬모어 코브에 있는 유일한 동상의 이름을 바꿔 버렸어. 어느 목록에도 실리지 않도록 말이지. 존재하지도 않는 왕의 동상을 보러 누가 찾아오겠니?"

제이슨이 키득거렸다. 릭도 너무 놀라 고개를 흔들며 제이슨처럼 웃었다.

그때부터 네스터의 목소리가 점점 낮아졌다.

"그러다가…… 너희도 아는 일이 벌어졌다. 오블리비아 뉴턴이 열쇠를 하나 받았고 킬모어 코브를 찾아낸 거지."

"피터 다이달로스가 비밀을 말해 줬고요."

줄리아가 덧붙였다.

"아무도 그 여자를 막을 수가 없었어."

네스터가 잠시 말을 멈추었다. 마치 이제부터 가장 어려운 이야기를 할 것처럼.

"율리시스는 지쳤고 늙었고 약해졌어. 페넬로페를 잃었고, 친구에게 배신을 당하고 버림받았지. 그는 외로웠다. 물론 난 항상 곁에 있었지만 충분하지가 않았어. 하지만 죽기…… 전에…… 누군가가 자기 대신 계속 싸워 줄 수 있을 거라고 생각했다."

네스터가 세 아이를 바라보았다. 셋의 나이를 다 합쳐도 마흔이 안 되었지만 아이들의 눈은 반짝였고 마치 네스터의 이야기 속에 전 세계의 운명이라도 달려 있는 듯 네스터의 일거수일투족을 지켜보았다. 아이들은 네스터의 이야기를 열심히 들었고 그의 말을 이해했다.

'이 애들이야. 그래, 이 애들이야.'

네스터는 혼자 이렇게 생각했다.

"난 마침내 이곳에 그 '누군가'가 왔다고 생각한다."

네스터는 마네킹 곁으로 다가갔다. 그리고 조심스럽게 모자를 벗겼다. 모자는 챙이 넓고 검었는데 금빛으로 된 둥근 장식 안에 하얀 닻이 그려져 있었다.

"이건 율리시스의 모자다. 메티스의 선장이 되어 시간의 문 너머로 여행을 떠날 때 쓰던 모자야."

네스터는 모자를 흔들어 먼지를 조금 털어 냈다. 그리고 기침을 했다. 기침이 가라앉자 곧 말을 계속했다.

"이 마네킹 위에 너무 오래 씌워져 있었어. 모자가 있어야 할 곳은 진짜 선장의 머리 위인데 말이다. 메티스를 알고 그것을 움직일 수 있고 멀리 꿈의 항구로 몰고 갈 수 있는 사람의 머리 위에. 너, 제이슨 커버넌트 같은 누군가의 머리 위에."

이렇게 말하면서 네스터는 제이슨에게 모자를 내밀었다.

"저 같은 사람이요?"

제이슨은 믿을 수 없다는 듯 되물었다. 제이슨은 마치 유물이라도 되는 것처럼 모자를 받아 들었다.

네스터는 금빛 단추가 달린 마네킹의 윗옷을 벗겨 줄리아에게 내밀었다.

"그리고 너, 줄리아 커버넌트 같은 누군가."

그리고 마네킹의 어깨에 매달린, 칼집에 든 은으로 만든 칼을 풀어 릭에게 주었다.

"그리고 너, 릭 배너 같은 누군가."

네스터는 이렇게 말을 마쳤다.

세 아이 모두 멍하니 넋을 잃고, 입도 떼지 못한 채 네스터를 보았다. 하지만 모두 자기가 받은 물건을 손에 꼭 쥐고 있었다. 아이들을 보면서 몇 년 만에 처음으로 네스터는 기쁘게 마음껏 웃었다.

"율리시스는 자기 자리를 한 사람에게 넘겨줄 생각이었어. 셋이 아니라……."
잠시 후 네스터가 다시 설명을 시작했다.
"그래서 내가 그 사람을 찾아낼 때를 위해서 이 복장을 준비한 거란다. 그 사람을 선택하고 난 뒤에 나는 빌라 아르고에 대해 내가 알고 있는 것들을 이야기해 주려 했지. 시간이 처음 시작되었을 때부터 이 집의 다른 주인들이 그랬던 것처럼, 시간의 문과 열쇠를 보호하고 비밀을 지킨다는 조건으로."
제이슨은 눈이 수박처럼 커졌다.
"그럼…… 계단의 그 초상화가 모두……?"
"율리시스 무어의 조상들이야. 율리시스 무어보다 먼저 킬모어 코브를 지켰던 분들이지. 오늘 율리시스 무어로부터 그 임무를 이어받은 내가 이 유서 깊은 전통을 이어 갈 사람으로 너희를 선택한 거다. 선택은 이루어졌어. 이제 그것을 받아들일지 말지 결정하는 건 너희야."

"예! 예! 전 좋아요!"

제이슨이 흥분해서 소리쳤다.

네스터가 제이슨을 보고 웃었다. 희미해지는 빛의 입자들이 제이슨 주위에서 소용돌이쳤다.

"세 사람 모두 받아들여야 한다. 모두가 같이 하든 아무도 하지 않든."

릭과 줄리아는 서로 눈길을 주고받았다.

릭이 먼저 말했다.

"저는 킬모어 코브에서 태어났어요. 언제든 어떤 위험에서든 고향을 지킬 거예요. 내 집이니까요."

이렇게 말하면서 은으로 만든 칼을 어깨에 멨다. 제이슨도 릭을 따라 선장 모자를 쓰고 거의 코끝에 닿을 정도로 모자를 깊이 잡아당겼다.

"도와줘, 아무것도 안 보여! 아무것도 안 보여!"

제이슨이 장난을 쳤다.

지금 무슨 일이 일어나고 있는지 단 한 순간도 진지하게 생각해 보지 않는 것 같은 제이슨과 달리 줄리아는 이렇게 중요한 순간에 막중한 책임감을 느끼고 있었다. 동생에게 이 방은 신비한 고성으로 변해 버렸고 다리를 저는 정원사는 그를 기사로 임명한 왕이 되어 있었다. 어떻게 보면 게임과 별다를 게 없었다. 하지만 줄리아는 자기가 허공에 떠 있는 것 같은 기분이었고 눈앞에 나타나는 것이라고는 의문 부호밖에 없었다.

빌라 아르고는 줄리아가 살던 도시와 너무나 달랐다. 너무나 강렬한 감동을 느꼈던 곳이고 알게 된 지 얼마 안 된 사람 때문에 목숨이 위태롭기도 했던 곳이다. 다리가 불편한 늙은 정원사 말이다. 엄마와 아빠는 딸을 자랑스럽게 생각하실 것이다.

줄리아는 율리시스 무어의 윗옷을 입었다. 금빛 단추가 반짝였다.

"저는 킬모어 코브에서 태어나지는 않았어요. 하지만 이 마을이 영원히 남아 있었으면 좋겠어요. 예, 저도 좋아요."

네스터가 아이들에게 우스꽝스럽게 고개를 숙이며 말했다.

"난 의식을 잘 거행하지 못한다. 하지만…… 이 순간부터 너희를 시간의 문의 수호자, 킬모어 코브의 기사로 임명한다!"

다람쥐 두 마리가 홈통을 따라 기어오르다가 당황한 듯 빌라 아르고의 지붕 위에서 멈췄다. 다람쥐가 수염을 파르르 떨다가 호기심이 생긴 듯 주위를 둘러보았다. 갑자기 지붕의 기와가 흔들리기 시작했다. 이 오래된 집에 사는 사람들이 지붕 밑 방에서 춤이라도 추는 것처럼.

제 22 장
새로운 시작

킬모어 코브의 시청

전화기 속의 커버넌트 부인은 이미 체념을 한 것 같았다. 이사를 맡은 사람들이 진짜 사고를 낸 것이다. 어떻게 해서든 킬모어 코브로 가져가려던 부엌의 고가구를 산산조각 내 버린 것이다.

"전부 다 새로 사야 해."

커버넌트 부인이 갈라진 목소리로 말했다.

"아빠에게 그 일을 처리하게 맡기고 기차를 타고 갈까도 생각해 봤어. 그런데…… 킬모어 코브까지 가는 게 불가능한 모험 같아! 기차 시간표와 갈아탈 곳을 연구하며 하루를 버리고 싶은 생각은 추호도 없었어."

줄리아는 속으로 웃었지만 아무 말도 하지 않았다.

엄마가 계속 말했다.

"이 이삿짐센터 사람들이 어떤지 아니, 줄리아? 한시라도 한눈을 팔면 무슨 일을 저지를지 모른다니까."

"알았어요, 엄마. 걱정하지 마세요."

제이슨과 릭은 돌의 방에서 계획서 초안을 작성하고 있었다. 당장 해야 할 일들을 모두 상세히 적었다.

줄리아는 전화선을 잡아당겨 몸을 쭉 내밀고 계획이 어느 정도 짜였는지 보려 했다.

"제이슨은 잘 있니? 네 동생이 어떤지 잘 알지, 줄리아? 네가 참아야 해."

엄마가 줄리아에게 거듭 말했다.
"아무 문제도 없어요! 아기 천사처럼 착한걸요."
줄리아가 서둘러 대답했다.
"무슨 사고 같은 건 없었지, 정말?"
"사고요? 여기서 무슨 사고가 나겠어요?"
"제발 조심해. 질 나쁜 아이스크림 같은 것 사라고 오는 사람들 꾐에 넘어가지 말고, 알았어? 사람들이 그러는데 아직도 시골에는 그런 걸 팔러 다니는 사람들이 있대. 그런 사람들을 한 번이라도 집에 들였다간 앞으로 아무것도 네 마음대로 할 수 없을 거야!"
"우린 그런 거 안 사 먹었어요, 엄마. 네스터 할아버지가 요리를 얼마나 잘하는데요. 오늘 저녁에도……."
하지만 커버넌트 부인은 누군가에게 자기 기분을 털어놓고 싶었기 때문에 딸의 말에 개의치 않고 계속 말했다.
"저 무능력한 이삿짐센터에서 어떻게 일을 하든 내일은 빌라 아르고로 돌아갈게. 약속해. 엄마하고 있으면 아무 문제도 없을 거야."
줄리아가 한숨을 쉬었다. 지금도 아무 문제 없다고 방금 말하지 않았던가!
"알겠니, 줄리아?"

"알겠어요, 엄마."

"그럼 내일 보자."

"예."

"잘 있어."

"걱정 마세요."

줄리아가 전화를 끊었다.

줄리아는 의자 등받이에 머리를 기대고 잠시 창밖에서 부는 바람 소리를 들었다. 저녁이 되어 가고 있었다. 몹시 피곤했다. 하품을 하며 릭과 제이슨에게로 갔다.

"뭐라셔?"

제이슨이 물었다.

"내일 오신대."

"그럼 시간이 별로 없어! 엄마, 아빠가 돌아오시기 전에 움직여야 해."

줄리아가 콧방귀를 뀌었다.

"그 생각은 잊어버려. 난 지쳤어. 릭도 그렇고."

릭의 눈이 작아지며 반짝였다. 사실 릭은 다리가 아팠고 상처도 화끈거렸다.

"엄마가 오늘 저녁도 여기에 있으라고 허락하실지 잘 모르겠어."

부엌에서 고기 냄새가 났다.

"계획은 어떠신가요, 기사님들?"

줄리아가 바닥에 앉으며 물었다. 전날 네 개의 열쇠의 수수께끼를 푸느라 정신이 없던 바로 그곳이었다.

줄리아가 보기에 릭과 제이슨은 네스터가 부여한 임무를 너무 진지하게 받아들이고 있는 것 같았다. 둘은 몇 장이나 되는 종이에 이름과 화살표와 여러 색깔의 사각형들을 빼곡히 그려 놓았다. 옛 주인이 비밀의 방에 숨어 있지 않다는 것을 알게 되어 실망을 하긴 했지만 제이슨은 다시 흥분해 있었다. 제이슨은 자신과 릭이 만든 계획서를 집어 들고 줄리아에게 말했다.

"우리가 오블리비아 뉴턴을 저지하기 위해 맨 먼저 해야 할 일은 그 여자가 뭘 찾고 있는지를 정확히 알아내는 거라고 결정했어. 릭은 그 여자가 피터 다이달로스를 찾고 있다고 했어."

"무슨 이유로?"

"피터 다이달로스가 킬모어 코브의 다른 문들을 모두 손에 넣는 방법을 알고 있다고 암시했잖아. 오블리비아 뉴턴은 그 방법이 뭔지 알고 싶을 거야."

줄리아가 고개를 끄덕였다.

"그러니까 거울의 집 문을 넘어 피터 다이달로스를 찾아간 거야."

"맞아. 그런데 우리는 거울의 집 문이 어디로 이어지는지 모르잖아."

"그러니까 맨 먼저 할 일은……."

제이슨이 다시 요약을 해 주었다.

"탑의 방에 있는 율리시스 무어의 공책을 우리가 나눠서 읽는 거야. 뭔가 단서가 있는지 보는 거지."

일기를 읽어야 한다는 생각에 릭은 얼굴을 찌푸리며 손을 내저었다.

"그건 내일 하자! 난 칼립소 부인이 정해 준 책도 읽어야 한다고."

세 아이가 모두 웃음을 터뜨렸다. 제이슨은 흔들림 없이 계속 말했다.

"그러고 나서 다시 메티스를 타고 피터 다이달로스가 숨어 있는 꿈의 항구로 가서 오블리비아 뉴턴보다 먼저 그를 찾아내는 거야."

"피터 다이달로스가 아직 살아 있다면 아마 율리시스 무어의 유일한 친구일 거야."

줄리아가 말했다.

"우리는 빼고."

제이슨이 말했다.

"물론 우리는 빼고지."

"그리고 시간의 문의 비밀을 모두 아는 유일한 사람이기도 하고."

계획은 완성되었다. 이제 헤어지는 일만 남아 있었다.

릭은 자기 물건들을 챙겼다. 이집트에 가지고 갔던 밧줄과 〈사라진 언어 사전〉을 제이슨에게 맡겼다. 그리고 자전거를 타고 빌라 아르고를 떠났다.

"내일 보자!"

"잘 가!"

쌍둥이가 뒤에서 소리쳤다.

밖으로 나오자 저녁노을이 붉게 물들어 있었다.

제이슨은 부엌으로 돌아가 네스터에게 시간의 문과 열쇠와 율리시스 무어의 친구들에 대한 질문을 퍼부으며 그를 괴롭혔다.

하지만 줄리아는 머릿속이 너무 복잡했다. 그날 이상한 이야기를 너무 많이 들었기 때문에 이제 생각을 멈춰야 할 때가 된 것 같았다. 그래서 네스터가 고기 세 쪽을 굽고 있는 것을 보고 이렇게 말했다.

"제 건 굽지 마세요, 네스터 할아버지. 전 그냥 자러 갈래요."

네스터는 눈썹 하나 까딱하지 않고 웃으며 대답했다.

"좋다, 그럼 잘 자라!"

다락방에서 대화를 나누고 난 뒤 네스터는 딴사람이 된 것 같았다. 훨씬 침착해졌고 덜 수상쩍어 보였고 덜 퉁명스러웠다. 마침내 무거운 짐을 벗어 버린 사람 같았다.

"내가 누나 고기 먹어도 돼?"

제이슨이 줄리아에게 물었다. 줄리아가 고개를 끄덕였다. 줄리아가 원하는 건 길고 긴 잠뿐이었다.

"내일 봐. 지금은 눈도 뜨고 있을 수 없어."

"잘 자, 누나."

부엌을 떠나면서 줄리아는 제이슨이 조그맣게 말하는 소리를 들었다.

"누나를 이해하세요, 할아버지. 어쨌든 여자잖아요. 우리 남자들보다는 체력이 달려요."

계단을 올라가던 줄리아는 갑자기 돌아섰다.

"나 불렀어?"

제이슨과 네스터는 아무 말이 없었다. 줄리아는 자기가 잘못들은 거라고 생각했다. 그러나 다시 계단을 오르기 시작했을 때 갑자기 바람이 불어 머리가 엉켰다.

1층 창문이 꽝 하고 닫혔다. 탑의 거울 문도 갑자기 닫혔.

줄리아는 깜짝 놀라 난간을 잡았다. 본능적으로 줄리아는 주머니에 손을 넣어 네 개의 열쇠를 꽉 쥐었다.

"누나!"

부엌에서 제이슨이 불렀다.

"탑 창문 좀 닫아! 바람이 들어와!"

정말로 바람이 두 다리 사이로 쉬익 소리를 내며 지나갔다. 줄을 지어 걸려 있는 무어 가문 조상들의 초상화가 줄리아를 내려다보았다.

줄리아는 두 번째 층계참으로 올라가 탑의 방으로 이어지는 문을 열었다. 제이슨의 생각대로 창문이 다시 활짝 열려, 문이 열려 있는 부엌과 맞바람이 일었다. 줄리아는 문을 닫으려고 몸을 내밀었고, 별 소용이 없다는 것을 알기는 했지만 창문을 고정시켜 보려고 했다. 그러나 손잡이를 돌리다가 줄리아는 그 자리에 얼어붙어 버렸다.

방 안에 뭔가 변화가 있었다. 조금 이상한 냄새가 났다. 자극적인 야생의 냄새였다.

줄리아는 정체 모를 이런 두려움을 몰아내 보려 했다. 벽에 등을 대고 방 안을 다시 살폈다.

지난번과 뭐가 달라진 걸까?

변화를 알아차렸을 때 줄리아는 등줄기가 오싹하고 온몸이 떨리는 것 같았다. 제이슨을 부르려고 입을 벌렸지만 목소리가 나오지 않았다.

　책상 한가운데에 율리시스 무어의 여행 공책이 하나 있었고 그 위에 나무로 만든 작은 곤돌라 배가 놓여 있었다. 베네치아의 전통 배였다.

　줄리아는 떨리는 손으로 곤돌라를 내려놓고 공책을 열었다.

　율리시스 무어가 베네치아를 여행하며 쓴 메모들이었다. 첫 페이지에는 산마르코 광장의 사자가 그려져 있었다.

　'사자 열쇠야!'

　이렇게 생각하자 다시 한 번 등줄기가 오싹했다.

　'혹시?'

　줄리아는 남아 있는 마지막 힘을 모두 모아 탑의 방에서 달려 나가 부엌으로 향했다. 제이슨과 네스터 앞을 단숨에 지나 정원으로 뛰어갔다.

　"무슨 일이야?"

　깜짝 놀라 프라이팬을 엎지를 뻔한 제이슨이 물었다. 하지만 줄리아는 대꾸도 하지 않고 정원의 탑 아래쪽까지 달려와 책상에서 발견한 공책을 흔들었다.

　"어디 있는 거예요?"

　줄리아는 정원의 나뭇가지들 사이에서 누군가를, 무엇인가를 찾으며 소리쳤다.

"어디 숨어 있는 거예요?"

귀뚜라미가 풀줄기 사이에서 편안하게 노래했다. 나뭇가지들이 살랑거렸다. 부엉이 한 마리가 울며 사냥을 하러 나와도 되는지를 살폈다. 파도가 거품을 내며 솔턴 클리프의 절벽을 감쌌다.

밖에는 아무도 없었다. 정말 아무도 없었다.

"누나, 왜 그래? 미쳤어?"

제이슨이 부엌문 밖으로 몸을 내밀며 외쳤다.

줄리아는 마지막으로 정원의 그림자, 지붕, 다락방, 배배 꼬인 단풍나무 가지들을 살폈다. 그러다 결국 포기를 하고 말았다. 줄리아는 제이슨 쪽으로 걸어갔다. 그리고 기운 없는 목소리로 말했다.

"베네치아야. 피터 다이달로스는 베네치아에 숨어 있어."

제 23 장
묘지에서

릭은 높은 곳에서 바다의 저녁노을을 보려고 길가에 자전거를 세웠다. 풀잎들이 바람을 따라 고개를 숙였고 갈매기는 바다 속으로 사라지는 노을빛을 즐기고 있었다.

발밑으로 보이는 킬모어 코브의 집들은 평온하게 새로운 밤을 준비했다. 겉으로 보면 너무도 평범한 저 집들 속에 사실 다른 세계와 통하는 문들이 숨겨져 있다는 데에 생각이 미치자 릭은 미소가 지어졌다. 실제로는 전혀 믿기지 않는 것이 너무나 정상적인 것으로 보인다는 생각이 들자 더욱 웃음이 났다.

저녁노을이 모든 것을 신비하게 만드는 동안 릭은 그날 하루 동안 얼마나 많은 마법과 얼마나 환상적인 일들이 벌어졌는지를 떠올렸다.

노을빛, 갈매기, 바다, 바람, 무뚝뚝하지만 속은 상냥한 킬모어 코브 사람들이 그 마을을 고립시켜 영원히 오염되지 않는 행복한 곳으로 만들 수 있는 마법이고 아름다움이었다.

어쩌면 그럴 수도 있었다. 어쩌면 시간이 지배할 수 없는 곳이 있을지도 모른다. 마법과 아름다움이 영원히 살아 있고 보호받는 곳이.

"그렇지만 여기는 아니야."

마침내 릭이 복잡하고 괴로운 다른 생각에 사로잡혀 손을 들고 말았다.

"시간은 폭풍처럼 빠르게 지나가. 그리고 모든 것을 다 가져 버려."

릭은 자전거를 돌려 페달을 밟기 시작했다.

갑자기 한 가지 생각이 떠올랐다. 네스터의 말 때문에 떠오른 생각이었다. 릭은 마을에서 가장 높은 비탈길에 도착했다. 속력을 더 내려고 안장에서 일어나 페달을 밟았다. 아버지가 선물한 시계가 자전거 위에서 빛났다.

목적지에 다다른 릭은 자전거에서 내려 남아 있는 몇 미터는 자전거를 끌며 걸었다. 릭의 그림자가 릭보다 먼저 공동묘지 가장자리에 닿았다.

릭은 자전거를 야트막한 돌담에 기대 놓고 노란 꽃 두 송이를 꺾었다. 나무 색깔의 귀뚜라미 두 마리가 꽃에서 튀어나왔다.

묘지는 돌담이 둘러쳐진 소박한 곳이었다. 돌담을 쉽게 뛰어넘을 수 있었지만 릭은 문으로 들어가기로 했다. 문은 열려 있었다. 릭은 되도록 소리 나지 않게 조심하면서 안으로 들어갔다.

멀리, 절벽에 부딪히는 바닷물이 죽은 자들의 안식처까지 자기의 인사를 전하듯, 파도 소리가 들려왔다.

릭은 나란히 늘어선 비석과 십자가 사이를 걸었다. 그것들은 해변에서 주운 네모난 하얀 돌과 조개껍데기와 마른 꽃들로 장식되어 있었다. 뭔가를 태운 듯한 냄새와 나무껍질 냄새, 이끼

냄새가 살짝 나는 것 같았다. 해는 둥근 원으로 변해 수평선을 완전히 붉게 물들였다.

릭은 회색 돌로 만든 소박한 비석 앞에서 무릎을 꿇었다. 노란 꽃을 내려놓고 꽃이 날아가지 않게 줄기 위에 돌멩이를 올려놓았다. 릭은 아무 말도 없이, 아무 소리도 내지 않은 채 그렇게 오랫동안 꼼짝도 하지 않았다.

해가 완전히 바다 너머로 사라져 하늘이 검은 칠판처럼 시커메졌다.

"아버지."

릭 배너는 아버지에게 도움을 청하듯 이렇게 말했다.

"그들의 무덤을 찾지 못했어요! 없어요! 정말 율리시스 무어와 페넬로페 무어가 죽어서 킬모어 코브에 묻혔다면 왜 여기에 없는 거죠?"

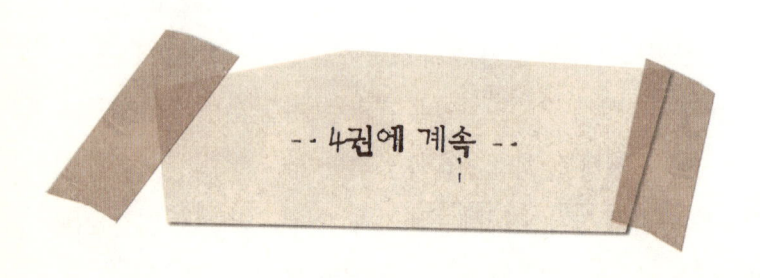

- - 4권에 계속 - -

이것은 제가 궤짝에서 찾은 사진들입니다.

칼립소 부인

레오나르도 미나소

그웬달린 메인오프

보웬 부부

비글스 부인

Pianta turistica della cittadina di
KILMORE COVE
in Cornovaglia

Allegata a "IL VIAGGIATORE CURIOSO"
cola guida a Kilmore Cove e ai suoi dintorni

독자 여러분에게

우리가 율리시스 무어 3권을 막 인쇄하려 할 때 피에르도메니코 바칼라리오에게서 새로운 이메일이 왔습니다. 여러분도 읽어야 할 중요한 내용인 것 같아 여기에 첨부합니다.

초록도마뱀 편집부

보내는 사람 : 피에르도메니코 바칼라리오
제목 : 네 번째 공책
날짜 : 2006년 8월 10일 02시 45분 33초
받는 사람 : 초록도마뱀 편집부
▶ @ 율리시스 무어 4.txt   첨부 파일

안녕하세요, 접니다!
저는 아직 콘월에 있습니다. 율리시스 무어의 세 번째 공책을

▼

▼

다 번역한 뒤 저는 곧바로 네 번째 작업을 시작했습니다. 방금 아주 중요한 부분을 번역했습니다. 여러분도 이 이야기가 어떻게 끝날지 매우 궁금해하신다는 걸 알기 때문에 그 부분을 조금 보내 드립니다.

피터 다이달로스는 살아 있었다. 이제 세 아이는 이 점에 대해서는 털끝만큼도 의심하지 않았다. 마찬가지로 산마르코 광장의 사자가 나침반처럼 정확하게 자신들을 피터 다이달로스의 작업실로 안내하리라는 것도 확신했다.

그러나 먼저 가면의 섬(베네치아를 가리킨다: 옮긴이)으로 세 아이를 인도해 줄 검은 곤돌라를 찾아야만 했다. 서둘러야만 했다. 사실 피터 다이달로스가 숨어 있는 곳을 찾기까지 아이들은 너무 오래 꾸물거렸다.

"이러다가 오블리비아 뉴턴이 우리보다 먼저 도착할 거야."

줄리아가 걱정스러운 듯 중얼거렸다.

"그런 걱정 하지 마, 누나."

제이슨이 말했다. 제이슨은 아직도 풀물이 든 지저분한 옷을 입고 있었다.

릭이 주위를 둘러보며 조그맣게 말했다.

"내 생각에는 아마……."

▼

▼

이제 편지를 마쳐야겠습니다. 다시 새로운 사실을 발견하면 곧바로 연락드리겠습니다.
　안녕히 계십시오.

피에르도메니코 바칼라리오

　추신 : 율리시스 무어의 공책에서 찾은 그림을 첨부합니다.

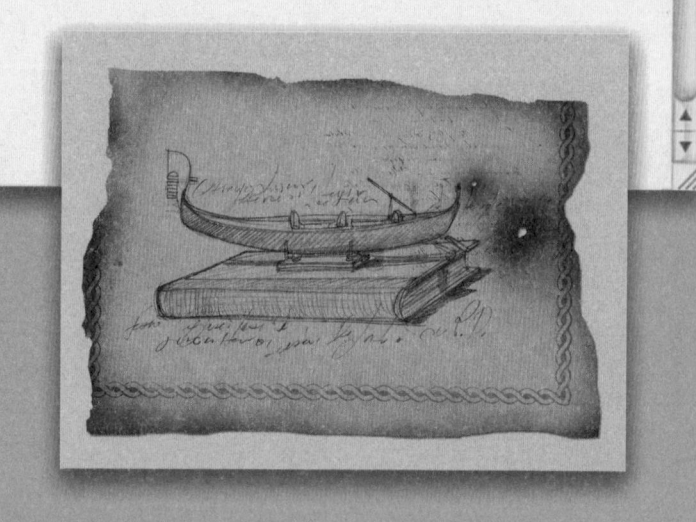

1822

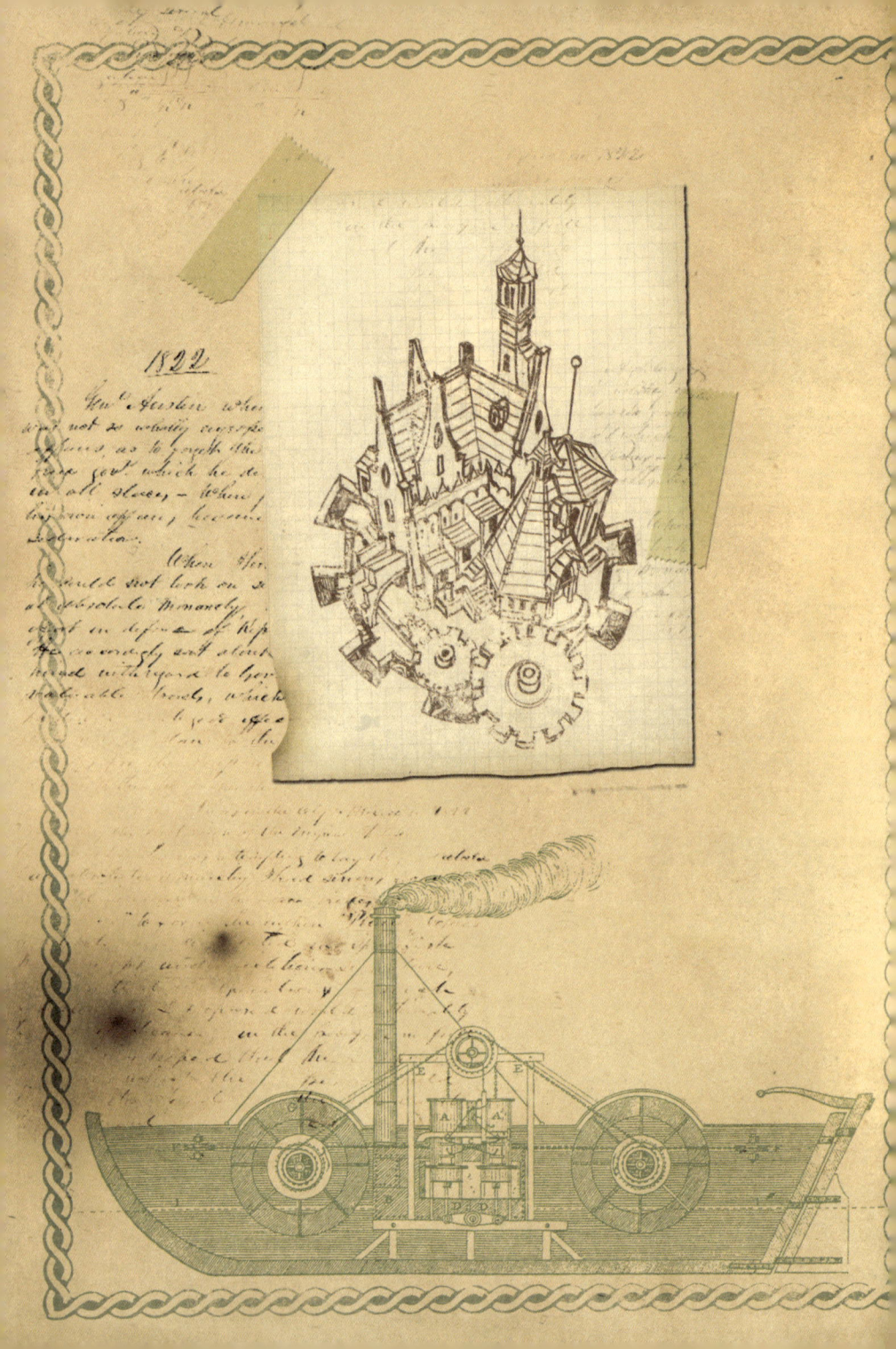